prima plus

Deutsch für Jugendliche

Friederike Jin · Lutz Rohrmann

A1.2

Cornelsen

prima plus

A1.2 | Deutsch für Jugendliche

Im Auftrag des Verlages erarbeitet von
Friederike Jin und Lutz Rohrmann

Redaktion: Lutz Rohrmann, Joachim Becker, Dagmar Garve

Beratende Mitwirkung: Roberto Alvarez, Michael Dahms, Katrina Griffin, Thomas Lewandowsky, Milena Zbranková

Illustrationen: Laurent Lalo, Lukáš Fibrich (S. 67)
Bildredaktion: Katharina Hoppe-Brill

Layoutkonzept: Agentur Rosendahl, Berlin
Technische Umsetzung: zweiband.media, Berlin
Umschlaggestaltung: Rosendahl Berlin, Agentur für Markendesign

4 Hier gibt es eine Audioaufnahme.
V Hier gibt es eine Videosequenz.
Hier gibt es Zusatzmaterial auf der Arbeitsbuch-CD.
Hier schreibst du Texte für dein Portfolio.

www.cornelsen.de

Im Lernmittel wird in Form von Symbolen auf eine CD verwiesen, die dem Arbeitsbuch beigefügt ist.
Diese enthält – bis auf die Hörverstehensübungen – ausschließlich optionale Unterrichtsmaterialien.
Die CD unterliegt nicht dem staatlichen Zulassungsverfahren.

2. Auflage, 3. Druck 2017

Alle Drucke dieser Auflage sind inhaltlich unverändert und können im Unterricht nebeneinander verwendet werden.

Druck und Bindung: Livonia Print, Riga

ISBN: 978-3-06-120639-0 (Schülerbuch)
ISBN: 978-3-06-120276-7 (E-Book)

Das ist prima^plus

prima^plus A1.2 ist der zweite Band eines Lehrwerks für Jugendliche das zu diversen Prüfungen vom Goethe-Zertifikat FIT 1 über das Zertifikat Deutsch bis hin zu den C1-Sprachdiplomen führt.
prima^plus orientiert sich am Gemeinsamen europäischen Referenzrahmen. Die Bände A1.1 und A1.2 führen zur Niveaustufe A1 und die Bände A 2.1 und A 2.2 zu A2. Die weiteren Bände führen zu den Niveaustufen B1, B2 und C1.
prima^plus bietet ein umfassendes, kompetenzorientiertes Lernprogramm an, das den Lernprozess der Schülerinnen und Schüler in den Mittelpunkt stellt und aktives Sprachhandeln fördert.
Das Schülerbuch prima^plus A 1.2 enthält sieben Einheiten, eine „Kleine Pause" und eine „Große Pause"sowie eine Wortliste im Anhang.
Die Einheiten bestehen aus je acht Seiten. Die bilderreiche Einstiegsseite führt mit ersten Aufgaben zum Thema hin. Es folgen sechs Seiten mit Texten, Dialogen und vielen Aktivitäten, die die Fertigkeiten Hören, Sprechen, Lesen und Schreiben systematisch entwickeln. Im Sinne des europäischen Sprachenportfolios sprechen und schreiben die Schüler und Schülerinnen auch regelmäßig über sich selbst und ihre Erfahrungen.
Besonderen Wert haben wir auf aktuelle landeskundliche Informationen aus dem Alltag in D-A-CH gelegt. Sie sind mit **i** hervorgehoben.

Zu jeder Einheit gibt es einen kurzen Videoclip. Darüber hinaus gibt es bei den Pausen ein Videoangebot mit je drei Szenen, zu dem auf den Videoseiten im Schülerbuch Aufgaben stehen.

prima^plus bietet mehrere Ebenen der Spracharbeit, die den Aufbau der Kompetenzen unterstützen. Die orangenen Kästen Denk nach helfen dabei sprachliche Strukturen selbst zu erkennen und grammatisches Regelwissen aufzubauen. In jeder Einheit finden sich Übungen zum Aussprachetraining. Darüber hinaus bietet prima^plus ein umfassendes Angebot zur Wortschatzarbeit. Aktivitäten zum Aufbau der Lernkompetenz, die mit TIPP gekennzeichnet sind, runden das Programm ab.
Die letzte Seite jeder Einheit fasst im Abschnitt Das kannst du das Gelernte knapp zusammen.
Die Kleine Pause nach Einheit 10 und die Große Pause nach Einheit 14 wiederholen den Lernstoff spielerisch, bieten literarische Ansätze und Seiten zur Arbeit mit den Videoszenen und Landeskundeclips.
Im Anhang finden sich die alphabetische Wortliste und eine Liste der unregelmäßigen Verben.
Das vierfarbige Arbeitsbuch mit integrierter Lerner-Audio-CD unterstützt die Arbeit mit dem Schülerbuch.
Die CD enthält auch weitere Lese- und Hörtexte und interaktive Übungen auf die im Schülerbuch und Arbeitsbuch mit dem Symbol ⊕ verwiesen wird.
Zur schnellen Orientierung gibt es zu jedem Lernabschnitt im Schülerbuch unter der gleichen Nummer im Arbeitsbuch das passende Übungsangebot.
Die Audio-CDs zum Schülerbuch enthalten die Dialoge, Hörtexte und die Übungen zur Aussprache.

Unter www.cornelsen.de gibt es für die Arbeit mit prima^plus Zusatzmaterialien, Übungen und didaktische Tipps sowie interessante Links.

Der digitale Unterrichtsmanager (DU) ermöglicht es, den Unterricht abwechslungsreich mit dem Whiteboard oder dem Beamer durchzuführen. Der DU enthält das digitalisierte Schülerbuch und integriert eine Vielzahl von Medienangeboten und zusätzliche Materialien.

Wir wünschen viel Spaß beim Deutschlernen und beim Deutschunterricht mit prima^plus .

Mein Zimmer

8

Das lernst du

- Dein Zimmer beschreiben
- Über Tätigkeiten zu Hause sprechen
- Anweisungen geben
- Gefühle benennen

Hört zu. Was zeigt Felix in seinem Zimmer? 2

1 Unsere Zimmer

v **a** Was habt ihr in euren Zimmern? Arbeitet in Gruppen und macht Plakate. Ihr könnt auch zeichnen. Das Wörterbuch hilft.

b Stellt eure Plakate in der Klasse vor.

Wir haben alle ein Bett. Das ist ja klar.

Ron und ich haben eine Gitarre. Wir spielen manchmal zusammen.

Leos Hobby ist Inlinerfahren.

Ich habe einen Kanarienvogel. Er heißt Riri und ist fünf Jahre alt.

2 Wo ist was?

a Sieh das Bild an und ergänze die Verben *liegen, hängen, stehen* in den Sätzen.

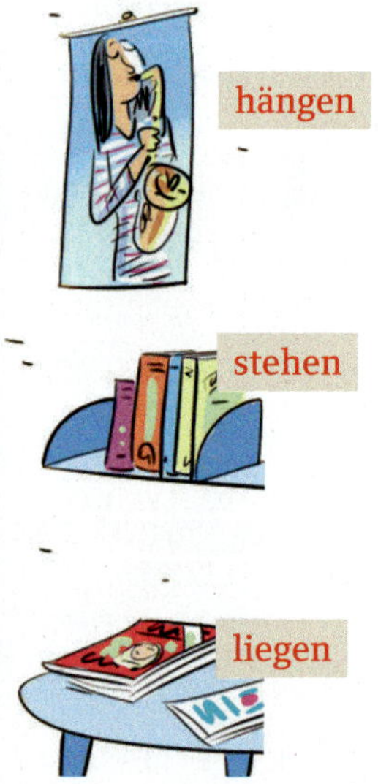

1. Die Lampe … **auf** dem Boden.
2. Der Stuhl … **vor** dem Schreibtisch.
3. Der Papierkorb … **zwischen** der Couch und dem Sessel.
4. Die Hefte … **im** Papierkorb.
5. Die Couch … **unter** dem Regal.
6. Zwei Poster … **an** der Wand.
7. Die Zeitschriften … **vor** der Couch.
8. Der Rucksack … **neben** dem Bett.
9. Der Teppich … **zwischen** dem Sessel und der Couch.
10. **Im** Regal … und … Bücher.
11. **Über** dem Tisch … ein Bild an der Wand.
12. **Auf** der Couch … Kleider.

3 **b** Hör zu. Lili beschreibt ihr Zimmer. In der Beschreibung sind drei Dinge anders als im Bild. Welche?

3 Sprechen üben: korrigieren

4 **a** Sieh dir das Bild in Aufgabe 2 an und hör zu.

Die Lampe steht auf dem Schreibtisch.

Falsch. Die Lampe steht auf dem Boden.

Die Gitarre liegt auf dem Boden.

Falsch. Die Gitarre steht auf dem Boden..

5 **b** Hör zu und korrigiere. Betone wie im Beispiel.

steht auf dem Boden – steht auf dem Schreibtisch – liegt auf dem Boden – liegen auf dem Boden – steht neben dem Sessel – steht auf dem Boden

4 Präpositionen trainieren

a Sieh dir die Bilder an und schreib die Sätze 1–9.

an – auf – hinter – in – neben – über – unter – vor – zwischen

1. die Katze / sitzen / dem Tisch
2. der Hund / liegen / dem Bett
3. die Spinne / hängen / dem Tisch
4. die Katze / sitzt / der Kiste
5. die Maus / sitzen / der Kiste
6. der Hund / sitzen / den Katzen
7. die Katze / sitzen / dem Papierkorb
8. die Maus / sitzen / dem Papierkorb
9. die Spinne / hängen / der Lampe

Die Katze sitzt auf dem Tisch.

b Vergleicht eure Sätze und ergänzt das *Denk nach*.

c Zeichnet Bilder für Präpositionen. Tauscht die Bilder in der Klasse und schreibt die Sätze.

Denk nach

	Dativ – Frage: Wo?	
m	auf dem Stuhl	
n	unter d... Bett	in dem = im
f	neben d... Lampe	an dem = ...
Pl.:	zwischen den Stühlen	

TIPP

Bilder helfen beim Lernen.

Der Vogel sitzt im Käfig.

5 Phonetik: *b/p, g/k* und *d/t*

6–8 **a** Hör zu und sprich nach.

das Bild – das Poster
das Bett – das Papier

gerne – kommen
das Regal – der Rucksack

die Decke – die Tür
dort – der Teppich

9–11 **b** Was hörst du…

b oder *p*?	*g* oder *k*?	*d* oder *t*?
der Schreibtisch	der Tag	das Bild
abholen	ich mag	die Wand
gelb	liegt	das Mädchen

Am Silbenende spricht man das *b* als *p*, das *g* als *k* und das *d* als *t*:

[p] [k] [t]

der Schreibtisch, der Tag, das Bild

6 Ist der Kuli im Bett? – Ein Spiel.

Spielt zu zweit. A und B verstecken drei Sachen in diesem Zimmer: einen Kuli, ein Mathebuch, eine Uhr. Schreibt die Verstecke auf, aber zeigt sie einander nicht.
Fragt nach den Sachen wie im Beispiel.
Wer findet die drei Sachen zuerst?

A Ist mein Kuli links im Zimmer?
B Ja, er ist links im Zimmer.
A Ist er im Regal?
B **Nein**, er ist nicht im Regal.
Ich bin dran.
Ist meine Uhr rechts im Zimmer?
A **Nein**, sie ist nicht rechts im Zimmer.
Ich bin dran.
Ist mein Kuli …?
…

7 Räum dein Zimmer auf!

a Sieh die Fotos an. Wie findest du die Zimmer?

b Wer wohnt hier: Junge, Mädchen, Alter, Hobbys …?

Das Zimmer ist so ordentlich.

Ich finde das Zimmer gemütlich.

Das Zimmer ist schön hell.

Ich glaube, hier wohnt …

12–13 **c** Hör zu. Welcher Dialog passt zu welchem Zimmer?

d Hör noch einmal. Zuerst Dialog 1 und dann Dialog 2. Was ist richtig? Notiere a oder b.

Dialog 1

1. Sarah hat viele
   - a Poster.
   - b Modellautos.
2. Sie hört gerne
   - a Musik.
   - b Hörbücher.

Dialog 2

1. Timos Zimmer ist
   - a groß.
   - b klein.
2. Das Zimmer ist
   - a immer ordentlich.
   - b hell und gemütlich.

8 Anweisungen und Bitten in der Schule und zu Hause

a Wer sagt was? Lest die Anweisungen und notiert: Eltern, Lehrer/innen, Schüler/innen oder Geschwister?

1. Räum bitte dein Zimmer auf.
2. Mach bitte die Musik leise.
3. Gib mir mal bitte dein Handy.
4. Sprecht laut, bitte.
5. Schreibt bitte eine E-Mail.
6. Maya, Rea, räumt bitte euer Zimmer auf.
7. Hör zu und sprich nach.
8. Wiederholen Sie, bitte.

du	~~Du~~ mach~~st~~ das.	**Mach** das.
	~~Du~~ räum~~st~~ auf.	**Räum auf.**
	~~Du~~ sprich~~st~~ laut.	**Sprich** laut.
ihr	~~Ihr~~ räumt auf.	**Räumt auf.**
	~~Ihr~~ sprecht leise.	**Sprecht** leise.
Sie	Sie sprechen leise.	**Sprechen Sie** (bitte) leise.

b Was hört ihr noch in der Schule? Sammelt Anweisungen und Bitten in eurer Sprache und übersetzt sie ins Deutsche.

Unsere Lehrerin / Unser Lehrer sagt:
Steh bitte auf. / Steht bitte auf.

Wir sagen:
Geben Sie bitte keine Hausaufgaben.
Schreiben Sie …

c Roboterspiel – Eine Gruppe sind die Roboter. Die andere geben Anweisungen.

Sagt „Guten Tag“.

Geht drei Schritte nach rechts.

Simon, sprich laut.

9 Was musst du zu Hause tun?

a Notiere wie im Beispiel: Das muss ich *immer, oft, manchmal, fast nie, nie* tun.

einkaufen gehen

Spülmaschine ausräumen

Musik leise machen

früh ins Bett gehen

die Katze füttern

zur Nachhilfe gehen

in der Küche helfen

das Zimmer aufräumen

sauber machen

Infinitiv: müssen

ich	muss
du	musst
er/es/sie/man	muss
wir	müssen
ihr	müsst
sie/Sie	müssen

Ich muss oft mein Zimmer aufräumen.

b Sammelt zu zweit noch weitere Tätigkeiten und fragt in der Klasse.

Musst du Wäsche waschen?

Ja, ich muss manchmal Wäsche waschen.

Nein, ich muss nie Wäsche waschen.

10 Das ist mein Zimmer.

14 **a** Hört und singt das Lied.

Ein Bett, ein Stuhl, ein Tisch,
ein Aquarium und ein Fisch,
eine Lampe, ein Poster, ein Bild,
und die Farben mag ich wild.
Das ist mein Zimmer.
Hier bin ich immer.

Das Bett ist grün, die Wand ist blau,
mein Schrank ist rot, ich hasse Grau.
Schau, das Aquarium auf dem Tisch,
viele Farben hat mein Fisch.

Hier bin ich traurig. Hier bin ich froh,
wütend und romantisch sowieso.
Hier spiel ich und hier schlafe ich ein,
höre Musik ganz allein.

Komm doch mal zu mir.
Dann zeige ich es dir.
Ich lad dich in mein Zimmer ein.
Dann können wir zusammen sein.

b Welches Bild passt genau zum Lied?

c Wie viele Adjektive findest du im Lied?

11 Stimmungen

a Sieh die Bilder und Adjektive an. Wie heißen die Wörter in deiner Sprache?

b Pantomime – Spielt die Adjektive. Die anderen raten.

Ich glaube, Mirko ist wütend.

12 Traumzimmer

a Lies den Text. Welches Bild passt dazu?

Mein Traumzimmer ist sehr groß (30 Quadratmeter) und hell. Ich finde es sehr gemütlich. Die Wände sind weiß und blau. Das Zimmer hat ein Bett und ein Sofa. Das Sofa ist grün. Ich habe auch einen Schrank für meine Kleider, aber den sieht man auf dem Bild nicht. In dem Zimmer wohnen ich, mein Hund und meine Vögel. Die Vögel sind in einem Vogelkäfig. Der Käfig hängt an der Decke. Mein Hund heißt Tobi und er liegt meistens auf dem Sofa oder unter dem Bett. Vor dem Bett steht ein Tisch und auf dem Tisch stehen meine Computer. Ich habe auch eine Pflanze, denn ich mag Pflanzen. Über dem Bett hängt ein Fernseher. Er ist 1 × 2 Meter groß. Jetzt ist der Fernseher aus, aber der Bildschirm zeigt ein Aquarium. Ich habe auch eine Musikanlage mit 10 Lautsprechern. Das ist ein super Sound, aber man sieht die Lautsprecher nicht.

b Erfinde dein Traumzimmer. Male ein Bild dazu oder mach eine Collage.

Größe
Farben
Möbel und Geräte
Tiere
Pflanzen und Blumen
Poster und Bilder

Mein Traumzimmer ist sehr groß.
Die Wände sind gelb und grün.
Die Decke ist …
Ich habe einen … und eine … im Zimmer.
Ich möchte Blumen und Pflanzen im Zimmer haben.
Auf dem Schreibtisch steht …
An der Wand hängt/hängen …

Dein Zimmer beschreiben

Der Papierkorb steht unter dem Schreibtisch.
Die Lampe steht auf dem Schreibtisch.
Meine Schultasche liegt auf dem Boden.
Das Poster hängt an der Wand.
Die Katze sitzt im Regal.

Rechts steht mein Bett und links mein Schrank.
Die Wände sind weiß.
Ich habe einen Sessel im Zimmer.
Mein Zimmer ist 15 Quadratmeter groß.
Mein Zimmer ist meistens nicht so ordentlich.

Über Tätigkeiten zu Hause sprechen

Was musst du zu Hause machen?

Ich muss oft mein Zimmer aufräumen.
Ich muss manchmal die Spülmaschine ausräumen.

Anweisungen geben

Räum bitte dein Zimmer auf.
Mach bitte die Musik leise.

Räumt bitte das Zimmer auf.
Macht bitte die Musik leise.

Gefühle benennen

Ich bin traurig, froh, romantisch, wütend, aktiv, müde, ruhig ...

Außerdem kannst du ...

... eine Zimmerbeschreibung verstehen.
... einen Liedtext verstehen.

Grammatik — kurz und bündig

Frage: *Wo?* – Präpositionen + Dativ: *an, auf, hinter, in, neben, über, unter, vor, zwischen*

Dativ (Singular) Die Maus sitzt auf de**m** Tisch / unter de**m** Bett / neben de**r** Lampe.

Dativ (Plural) Die Mäuse sitzen auf, unter und neben **den** Tischen, Betten und Lampen.

Bei den Verben liegen, stehen, sitzen, sein **immer: Präposition + Dativ.**

Imperativ

	du-Form	ihr-Form	Sie-Form
machen	Mach ...	Macht ...	Machen Sie ...
sprechen	Sprich ...	Sprecht ...	Sprechen Sie ...
auf/räumen	Räum ... auf.	Räumt ... auf.	Räumen Sie ... auf.

Modalverb *müssen*

ich	m**u**ss
du	m**u**sst
er/es/sie	m**u**ss
wir	müssen
ihr	müsst
sie/Sie	müssen

Satzklammer

	Position 2		Ende
Ich	muss	mein Zimmer	aufräumen.
	Räum	bitte dein Zimmer	auf.
	Räumen	Sie bitte das Zimmer	auf.

9

Das schmeckt gut

Das lernst du

- Sagen, was du gerne isst – vergleichen
- Sagen, was du morgens, mittags, abends isst
- Über Spezialitäten sprechen
- Am Imbiss etwas bestellen

Frühstück
1 das Obst
2 das Brötchen
3 das Müsli
4 die Milch
5 die Marmelade
6 der Quark
7 der Joghurt
8 der Kakao
9 der Tee

Mittagessen
1 das Gemüse
2 das Fleisch
3 der Fisch
4 die Kartoffel, -n
5 der Reis
6 die Nudel, -n
7 der Saft
8 das Mineralwasser

Abendessen
1 das Brot, -e
2 der Käse
3 der Schinken
4 die Butter
5 die Wurst
6 der Tee

Du hörst drei Dialoge: Frühstück, Mittagessen, Abendessen. Was ist was? 15–17

Hör noch einmal. Was essen die Leute zum Frühstück, Mittagessen, Abendessen?

1 Was kennst du? Was isst du gern?

18 **a Wo passen die Fragen? Ordne zu und hör zur Kontrolle.**

Kennst du Spätzle? – Und magst du Kartoffeln? – Was isst du gerne?

- ● …?
- ■ Ich esse gerne Fleisch, aber ich esse auch gerne Gemüse. Und du?
- ● Ich esse gerne Käse. Spaghetti mit Käse, Hamburger mit viel Käse.
- ■ …?
- ● Nicht so gern, aber ich mag Nudeln.
- ■ …?
- ● Nein, was ist das?
- ■ Das sind eine Art Nudeln. Die schmecken lecker.

Denk nach

das Fleisch **(kein Plural)**

Ich esse gerne Fleisch.

der Käse **(kein Plural)**

Magst du …?

b Ergänze das *Denk nach*.

2 Interviews in der Klasse

a Mach eine Tabelle.

☺ Das esse ich gerne.	😐 Das esse ich nicht so gerne.	☹ Das mag ich überhaupt nicht.	😕 Das kenne ich nicht.
…	…	…	…

19 **b Sprechen üben – Hört zu und sprecht nach.**

Fisch	Fisch esse ich gerne.	Fisch esse ich gerne, aber Fleisch nicht.
Kartoffeln	Kartoffeln mag ich.	Kartoffeln mag ich und auch Nudeln.
Quark	Quark kenne ich nicht.	Quark kenne ich nicht, aber Müsli kenne ich.
Gemüse	Gemüse mag ich nicht.	Gemüse mag ich nicht, aber Obst.

c Macht Partnerinterviews und notiert die Informationen.

d Berichtet in der Klasse.

3 Frühstück, Mittagessen, Abendessen – Interviews

a **Was isst Daniel wann? Lies den Text und notiere die Informationen.**

Zum Frühstück essen wir Brot mit Marmelade oder Müsli. Ich esse am liebsten Müsli, mein Bruder mag lieber Marmeladenbrot als Müsli. Ich trinke eine Tasse Tee.
In der Pause esse ich meistens einen Apfel oder einen Joghurt. Zum Mittagessen bin ich manchmal in der Kantine, aber ich esse lieber zu Hause als in der Schule. Meine Mutter kocht gerne: meistens Fleisch mit Gemüse und dazu Reis, Nudeln oder Kartoffeln. Am liebsten esse ich Kartoffelsalat mit Würstchen. Zum Abendessen essen wir Salat und Brot mit Käse oder Wurst.
Am Wochenende kocht meistens mein Vater. Er kocht am liebsten Suppen.

Zum Frühstück:
Brot, Marmelade ...

In der Pause: ...

b **Fragt euch gegenseitig.**

Was isst Marvin am liebsten?

Was mag …?

Was isst du lieber, Kartoffeln oder Reis?

Ich esse Kartoffeln lieber als Reis.

Ich esse	**gern** Kartoffeln.
	lieber Kartoffeln **als** Reis.
	am liebsten Nudeln.

20–21 **c** **Jasmin und Mario – Hör zu und notiere die Informationen im Heft.**

Jasmin	Mario
Frühstück – nichts	...

essen
ich esse
du **isst**
er/es/sie/man **isst**

d **Macht Partnerinterviews und berichtet in der Klasse.**

Was isst du zum Frühstück / in der Pause …?
Trinkst du lieber Tee oder Kaffee oder …?
Was isst du am liebsten?
Wer macht zu Hause das Essen?
Kannst du kochen?

Zum Frühstück esse ich …

Ich trinke lieber …

Am liebsten esse ich …

Mein/Meine …

Ich esse gerne Braten.

Nein, ich koche nicht.

Ja, ich kann … kochen.

Ailina isst zum Frühstück Obst. In der Pause isst sie Brot mit Käse und Tomaten. Sie kann kochen, aber …

4 Schulkantine

a Lest den Speiseplan. Was kennt ihr? Was möchtet ihr probieren?

Wochentag	Menü 1	Menü 2 (vegetarisch)
Montag	Spaghetti bolognese, Quarkdessert	Spaghetti mit Tomatensoße, Quarkdessert
Dienstag	Fisch in Zitronensoße mit Reis, Obstjoghurt	Gemüsepfanne mit Reis, Obstjoghurt
Mittwoch	Käsespätzle, Obstsalat tropical	(wie Menü 1)
Donnerstag	Bohnensuppe mit Würstchen Schokoladenpudding	Bohnensuppe mit Tofu-Würstchen Schokoladenpudding
Freitag	Kartoffeln, grüne Soße mit Ei Apfelstrudel mit Sahne / Überraschungsdessert	(wie Menü 1)
	An allen Tagen gibt es ein Salatbüfett.	

Ich kenne Spaghetti bolognese.

Ich möchte gerne Käsespätzle probieren.

Grüne Soße kenne ich nicht.

22 **b** Lies und hör zu. Welcher Tag ist heute? Was essen Noah und Lukas?

- ● Ich gehe essen, kommst du mit, Lukas?
- ■ Was haben sie denn heute?
- ● Fisch.
- ■ Magst du Fisch?
- ● Ja, Fisch esse ich sehr gerne, du nicht?
- ■ Nein, Fisch mag ich überhaupt nicht. Ich esse lieber vegetarisch.
- ● Gemüsepfanne mit Reis?
- ■ O.k., und zum Nachtisch?
- ● Einen Obstjoghurt.
- ■ Na gut. Komm, wir gehen.

c Spielt einen eigenen Dialog.

♪ 23 ## 5 Phonetik: Das lange *O* und das lange *U*

Hör zu und sprich nach.

Das lange *OOO*, das geht so:
Joghurt, Brot und Obst – oho.

Das lange *UUU*, jetzt hör gut zu:
Nudeln und Kuchen wollen wir versuchen.

6 Zusammengesetzte Nomen

a Schau in die Speisekarte und mach aus je zwei Wörtern ein Wort.

die Bohnen | das Gemüse | die Spätzle | der Joghurt | die Pfanne | die Suppe | das Obst | der Käse

24 **b** Hör zu. Wo ist der Wortakzent? Auf Wort 1 oder 2?

7 Spezialitäten in D A CH

a Lies den Text und ordne dann a–g den Fotos und den Orten auf der Landkarte zu.

Text a + Foto A + Karte 5

A

B

Die Wörter für Speisen sind in den deutschsprachigen Ländern nicht immer gleich. In Deutschland sagt man „Quark“, in Österreich „Topfen“, in Deutschland sagt man „Kartoffeln“, in Österreich „Erdäpfel“, in der Schweiz auch „Herdäpfel“. Auch „Brötchen“ sagt man nicht überall. In Süddeutschland und Österreich sagt man „Semmel“, in der Schweiz „Weggli“, in Berlin „Schrippen“ und in Hamburg „Rundstück“.
Das „Wiener Schnitzel“ (**a**) kennt man überall auf der Welt. Man isst es oft mit Kartoffelsalat.

C

D

E

F

G

Das echte „Wiener Schnitzel“ macht man mit Kalbfleisch. Die anderen Schnitzel macht man mit Schweinefleisch: Jägerschnitzel, Rahmschnitzel oder Schnitzel „Wiener Art“. Die Weißwurst (**b**) ist eine Spezialität aus München. Man isst sie oft mit einer Brezel und süßem Senf. Traditionell isst man sie nur vormittags, bis 12 Uhr. Aus der Schweiz kommt das Käsefondue (**c**). Man isst die heiße Käsesoße mit Weißbrot. In Norddeutschland isst man mehr Kartoffeln als im Süden und man isst gerne Fisch. Berühmt sind die „Kieler Sprotten“ (**d**). In den deutschsprachigen Ländern isst man auch viele süße Sachen. Touristen im Schwarzwald probieren fast alle die „Schwarzwälder Kirschtorte“ (**e**). Die „Sachertorte“ (**f**) kommt ursprünglich aus Wien. Man kann sie auf der ganzen Welt bekommen. Eine berühmte Spezialität ist an Weihnachten der „Christstollen“ (**g**). Das ist eine Art Kuchen. Er kommt aus Dresden.

b Wie sagt man 1–3 in deiner Sprache? Übersetze die Sätze.

c Was möchtest du probieren?

1. In Süddeutschland **isst man** lieber Nudeln als Reis.
2. In Norddeutschland **isst man** gerne Fisch.
3. Wiener Schnitzel **kennt man** überall auf der Welt.

Projekt Was isst man gerne in deiner Heimat?

In Peru isst man gern Causa. Man macht sie mit – was heißt „puré de papas“ auf Deutsch?

Kartoffelbrei.

– mit Kartoffelbrei. Zuerst Kartoffelbrei, dann kommt z. B. Thunfisch und dann noch mal Kartoffelbrei. Schmeckt super!

8 Essen bei uns

a Ordne die Textelemente und schreib die E-Mail.

gerne Fisch.“ Isst du auch gerne Fisch? Bei uns in Lima essen viele Leute gerne Fisch. Aber ich mag keinen Fisch.

Liebe Mia,

Liebe Grüße

Schreib mir mal!

Ich mag Pizza und Hamburger und ich mag Süßigkeiten.

Sag mal, du wohnst ja in Norddeutschland. Im Deutschbuch steht: „In Norddeutschland isst man

wie geht es dir? Mir geht es gut.

Zoila

b Du bist Mia. Antworte Zoila.

9 Beim „Schweizerhaus“ im Wiener Prater

25 **a** Hört das Gespräch. Ist der Verkäufer freundlich 🙂 oder unfreundlich ☹️?

- ● Was möchtest du?
- ■ Eine Bratwurst mit Pommes, bitte.
- ● Groß oder klein?
- ■ Die Pommes? Klein … äh … nein, groß.
- ● Ja, was nun? Klein oder groß?
- ■ Groß.
- ● Mit Ketchup oder Mayonnaise?
- ■ Mit Ketchup, aber ohne Mayo.
- ● Eine Bratwurst und einmal Pommes mit Ketchup, o.k.? Möchtest du nichts trinken?
- ■ Doch, ein Mineralwasser.

…

Der Prater in Wien mit Karussell und Riesenrad.

b Hört noch einmal. Was isst und trinkt Noah? Und was kostet das?

10 Ja – nein – doch

a Lies den Dialog von Aufgabe 9 und ergänze das *Denk nach*.

b Fragt und antwortet.

Isst du **nicht** gerne Pommes?
Isst du gerne Bratwurst?
Magst du **keine** Cola?
Trinkst du morgens Tee?
Trinkst du morgens **nichts**?
Trinkst du morgens **keinen** Saft?
Kochst du gern?
Kochst du **nicht** gern?
Kannst du **keine** Eier kochen?
Kannst du Kartoffelsalat machen?

Denk nach

Möchtest du etwas trinken?	+ Ja gerne. – Nein danke.
Möchtest du **nichts** trinken?	+ …, ein Mineralwasser. – Nein danke.
Möchtest du **kein** Ketchup?	+ **Doch**, ich möchte Ketchup. – …, ich möchte kein Ketchup.

11 Sprechen üben

26 **a** Hört zu. Ihr hört sechs Aussagen je zweimal.
Sprechen die Leute eher ☺ freundlich oder eher ☹ unfreundlich?

1. Eine Bratwurst mit Pommes, bitte.
2. Groß oder klein?
3. Ja, was nun, klein oder groß?
4. Mit Ketchup oder Mayonnaise?
5. Und nichts zu trinken?
6. Doch, ein Mineralwasser.

b Hört noch einmal und sprecht dann nach.

c Sammelt wichtige Sätze für den Verkäufer und Käufer. Lernt die Sätze auswendig.

TIPP: Dialoge vorbereiten

Käufer	Verkäufer
Ich möchte Pommes.	Was möchtest du?
Haben Sie auch Mayonnaise?	Groß oder klein?
Was kostet die Bratwurst?	Ketchup oder Mayonnaise?
	Das kostet 5 Euro 50.

d Spielt Dialoge am Imbiss.

Sagen, was du gerne isst – vergleichen

Ich esse gerne Gemüse.
Käse esse ich (nicht) gerne.
Ich esse lieber Wurst als Käse.
Am liebsten esse ich Kartoffelsalat.
Das Essen in der Kantine schmeckt gut.

Sagen, was du morgens, mittags, abends isst

Zum Frühstück esse ich Brot mit Marmelade.
Zum Mittagessen essen wir manchmal Spaghetti.
Zum Abendessen essen wir oft Salat.

Über Spezialitäten sprechen

In Deutschland isst man gerne Kartoffeln.
Eine Spezialität in Wien ist die Sachertorte.

Am Imbiss etwas bestellen

Ich möchte Pommes.	Mit Ketchup?
Haben Sie keine Mayonnaise?	Doch.
Was kostet die Bratwurst?	2 Euro 10.

Außerdem kannst du …

… Interviews zu Essgewohnheiten machen.
… einen Text über Essen in den deutschsprachigen Ländern verstehen.
… eine E-Mail über das Thema „Essen" schreiben.
… eine Speisekarte verstehen.

Grammatik — kurz und bündig

Nomen: Nullartikel

der Käse (kein Plural)	Ich esse gerne Käse.	Stoffbezeichnungen benutzt man auch im Singular ohne Artikel (Nullartikel).
das Fleisch (kein Plural)	Magst du gerne Fleisch?	
die Wurst (kein Plural)	Ich mag Wurst.	

Ebenso: Brot, Fisch, Gemüse, Obst, Käse, Wurst, Quark, Joghurt

Zusammengesetzte Nomen

1. das Gemüse + 2. **die** Pfanne = **die** Gemüsepfanne

Der Wortakzent ist auf dem 1. Wort. Das 2. Wort bestimmt den Artikel.

gern – lieber – am liebsten

Ich esse **gern** Kartoffeln. Ich esse **lieber** Kartoffeln **als** Reis, aber **am liebsten** Nudeln.

Ja – nein – doch

Isst du gerne Obst?	+ Ja, sehr gerne.	Nein, nicht so gerne.
Isst du **nicht** gerne Obst?	+ **Doch**, ich esse gerne Obst.	Nein, nicht so gerne.

10

Meine Freizeit

Das lernst du

- Über Freizeitaktivitäten sprechen
- Freizeitaktivitäten planen
- Noten, Zeugnisse und Ferien vergleichen
- Einen Blog über Freizeitaktivitäten schreiben

Was machst du am Samstag, Paula?

Was macht ihr am Wochenende?

Samstagmorgens spiele ich immer Tennis.

Ich schlafe lang und dann …

Sonntags besuchen wir oft meine Oma und meinen Opa.

Hör den Dialog. Was machen die Jugendlichen am Samstag? 27

1 Machen wir was zusammen?

27 **a** Lies den Dialog. Warum sagt Paula „Ich kann nicht schwimmen"?

V ● Was machst du am Samstag, Paula?
■ Keine Ahnung.
● Ich gehe vielleicht ins Schwimmbad, kommst du mit?
■ Ach, nee.
● Warum nicht?
■ Ich kann nicht schwimmen.
● Quatsch, natürlich kannst du schwimmen, das weiß ich doch.
■ Ich habe keinen Bikini.
● Das glaube ich auch nicht.
■ Na gut, ich habe halt keine Lust. O.k.?
● Ja, dann gehen wir zum THW-Sommerfest. Das ist immer toll.
■ Na ja, es geht so. Aber von mir aus.
● Super. Wann gehen wir?
■ Keine Ahnung.
● Ich kann ab 3 Uhr. Holst du mich ab?
■ So früh? Ich kann dich um 5 abholen. O.k.?
● Gut, um 5 geht auch.

b Lies die Anzeigen. Was kannst du am Wochenende machen?

c Spielt Dialoge wie in a.

Ich gehe in die Disco.
in die Kirche.
ins Kino.
ins Theater.
zum Sommerfest.
zum Konzert.
zum Drachenbootrennen.

Was machst du am Wochenende?

Ich gehe vielleicht ins Kino. Kommst du mit?

2 Verneinung mit *nicht* oder *kein*

a Lies den Dialog in 1 noch einmal und ergänze das *Denk nach*.

b Ergänze die Sätze mit *nicht* oder *kein*.

1. ● Wir machen eine Radtour. Kommst du mit?
   ■ Ich kann ... . Ich habe zurzeit ... Fahrrad.
2. ● Schreib die Handynummer auf.
   ■ Ich kann sie ... aufschreiben. Ich habe ... Stift dabei.
3. ● Steht das Kinoprogramm ... in der Zeitung?
   ■ Doch, aber ich habe ... Zeitung.
4. ● Hast du ... Zeitung zu Hause?
   ■ Nein, ich lese ... Zeitung.

Denk nach

Ich habe einen **Bikini**.
Ich habe ... **Bikini**.
Ich habe keine Zeit / keine Lust.
Ich habe kein Geld.

Ich kann **schwimmen**.
Ich kann ... **schwimmen**.

3 Sprechen üben: Immer schneller sprechen

28 **a** Hör zu und sprich nach.

● Hast du einen MP3-Spieler?
■ Nein, ich habe **keinen** MP3-Spieler.

● Siehst du gerne fern?
■ Nein, ich sehe **nicht** gerne fern.

b A fragt und B antwortet mit *kein*, *keine*, *keinen* oder mit *nicht*.

1. Hast du ein Fahrrad?
2. Machst du gerne Fahrradtouren?
3. Hast du ein Kinoprogramm?
4. Kommst du mit?
5. Holst du mich ab?
6. Hast du Geld dabei?
7. Musst du heute viel arbeiten?
8. Hast du heute Zeit?

c Sammelt fünf Ja/Nein-Fragen.
Macht Partnerinterviews in der Klasse.

Hast du Lust auf Kino?

Nein, ich habe keine Lust.

4 Monate und Jahreszeiten

29 **a** Notiert die Monatsnamen.
Hört zu und markiert den Wortakzent.

Januar Februar

Winter	Frühling	Sommer	Herbst
Dezember	März	Juni	September
Januar	April	Juli	Oktober
Februar	Mai	August	November

b Arbeitet zu zweit. Schreibt Buchstabenrätsel mit den Monaten und Jahreszeiten. Der/Die andere muss so schnell wie möglich den Monat erraten.

BEZERDEM

5 Was ist wichtig im Jahr?

Juli **a Lies die Aussagen. Wie ist das bei dir? Ordne Monate und Jahreszeiten zu.**

1. Endlich ist das Schuljahr zu Ende und wir haben Ferien. J
2. Dezember Bald ist das große Fest. Toll!
3. Januar In dem Monat habe ich Geburtstag.
4. März In dem Monat macht das Freibad auf/zu.
5. Mai Es regnet viel. / Es regnet fast nie.
6. Das neue Jahr beginnt.
7. Wir haben ein paar Tage schulfrei.
8. In den Monaten haben meine Eltern und meine Großeltern Geburtstag.

b Lies das Beispiel. Schreib Sätze mit den Informationen aus a.

1. Das ist im Sommer. Im Juli ist das Schuljahr zu Ende.

am	Tag/Tagesabschnitt
im	Monat/Jahreszeit
um	Uhrzeit

6 Zeitangaben

Fragt und antwortet.

Wann …?

Um wie viel Uhr …?

Um wie wiel Uhr klingelt der Wecker?
Um wie viel Uhr gehst du zur Schule?
Wann machst du Hausaufgaben?
Wann lernst du nicht?
Wann feierst du Geburtstag?
Wann hörst du Musik?
Um wie viel Uhr gehst du ins Bett?
…

7 Schulzeit und Ferienzeit

a Lies den Text. Notiere Informationen zu den Zahlen und Monaten: 1, 6, 8, August, Juli, Februar.

Das Schuljahr beginnt in Deutschland, Österreich und der Schweiz zwischen Mitte August und Mitte September und es ist im Juni oder Juli zu Ende. In Österreich haben die Schüler ungefähr 8 Wochen Sommerferien. In Deutschland und der Schweiz sind es ungefähr 6 Wochen. Aber die deutschen Schüler und die Schüler aus der Schweiz haben mehr kurze Ferien im Jahr.

In Deutschland bekommen die Schüler im Februar eine „Halbjahresinformation" mit Noten. Am Ende des Schuljahres, im Sommer, bekommen sie ein Zeugnis: Note 1 ist sehr gut und Note 6 ist sehr schlecht.

Schulferien in Berlin	
Sommerferien	19.6.–2.8.
Herbstferien	30.9.–12.10.
Weihnachtsferien	23.12.–3.1.
Winterferien	3.2.–8.2.
Osterferien	14.4.–2.5.

b Vergleiche die Informationen im Text mit deinem Land. Schreib die Sätze zu Ende.

1. In Deutschland beginnen die Sommerferien im Juli oder August. Bei uns …
2. In der Schweiz haben die Schüler ungefähr sechs Wochen Sommerferien. Wir haben …
3. In Deutschland bekommen die Schüler im Februar … Wir bekommen …
4. Die Note 1 ist in Deutschland sehr gut. Die Note 1 ist bei uns …

8 Das macht Spaß

30–32 **a** Sieh die Fotos an und hör zu. Welche Bilder passen zu den Aussagen?

b Hör noch einmal und notiere die richtige Lösung.

1. Johannes
   - a chillt gerne in seinem Zimmer.
   - b geht nicht gerne schwimmen.
   - c macht gerne Bergtouren.

2. Er fotografiert gerne
   - a Tiere.
   - b Menschen.
   - c Berge und Seen.

3. Klara
   - a hat ein Winter- und ein Sommerhobby.
   - b hat wenig Zeit für Hobbys.
   - c geht am liebsten mit Freunden shoppen.

4. Sie
   - a trainiert regelmäßig bei der Jugendfeuerwehr.
   - b liest viel über die Feuerwehr.
   - c möchte zur Jugendfeuerwehr gehen.

5. Oskar
   - a muss nicht viel lernen.
   - b ist ein guter Schüler.
   - c hat Probleme in der Schule.

6. Er
   - a ist am Wochenende müde.
   - b spielt Fußball.
   - c hat keine Zeit für seine Freunde.

c Beschreib die Jugendlichen.

Johannes ist 13.
Sein Hobby ist Fotografieren.
Er hat immer seine Kamera dabei.
Am liebsten …

d Wie findest du diese Hobbys?

Fotografieren finde ich auch interessant.
Ich fotografiere am liebsten Autos oder
Motorräder, denn ich liebe Technik.

9 Ein Blog

a Lies das Blog und beantworte die Fragen.

1. Wer hat das Blog geschrieben?
2. Für wen haben sie das Blog geschrieben?
3. Was sind die Themen?

Schüler-Blog | **+Kommentar** | **Suchen** | **⇨ Startseite**

Wenig Zeit für Freizeit und Hobbys!
Hi, wir sind die Klasse 8a vom Schiller-Gymnasium in Braunschweig, 12 Schüler und 14 Schülerinnen. Unser Tag sieht so aus: 8 Uhr bis 15 oder 16 Uhr Schule, dann gehen oder fahren wir nach Hause. Manche von uns fahren eine Stunde nach Hause. Dann müssen wir noch Hausaufgaben machen und lernen. Die Hausaufgaben dauern vielleicht eine Stunde, manchmal auch zwei. Das kommt darauf an. Manche von uns machen die Hausaufgaben ganz schnell und, na ja, vielleicht nicht so genau, andere brauchen mehr Zeit. Vor den Klassenarbeiten müssen wir natürlich noch extra lernen und einige von uns haben auch Nachhilfe. Dann, also so um 18 oder 19 Uhr, beginnt die Freizeit. Aber oft sind wir müde und wollen nur chillen oder ein bisschen mit Freunden chatten.
Meistens haben wir nur am Wochenende Zeit für Hobbys und Freunde. Viele machen Sport. Einige spielen Fußball. Silke ist richtig gut. Sie trainiert beim VfL Wolfsburg. Ihr Traum: Fußballprofi. Sie will mit Fußball Geld verdienen. Zwei sind in einem Tanzclub. Ein Mädchen hat ein Pferd.
Zwei machen Zumba. Zwei Jungs und ein Mädchen sind beim THW (Technisches Hilfswerk). Das THW hilft bei Katastrophen in Deutschland und überall in der Welt. Vier Mädchen sind im Jugendclub von der Kirche.
Wie ist es bei euch? Habt ihr mehr Freizeit als wir?

Toni am 4.7.
Ihr habt aber lange Schule. Wir haben nur bis mittags, meistens bis ein Uhr, nur zweimal in der Woche bis halb vier. Wie schafft Silke das Fußballtraining? Sie muss doch bestimmt mehrmals pro Woche trainieren.

Emily am 4.7.
Zumba finde ich cool. Das möchte ich auch machen. Wo kann man das lernen? Ich habe aber auch nicht viel Freizeit. Ich muss viel für die Schule lernen und habe dreimal pro Woche Nachhilfe. Vielleicht kann ich Zumba in den Ferien machen?

Nummer 1 ist richtig. Die Jugendlichen haben von 8 Uhr morgens bis nachmittags um 15 oder 16 Uhr Schule.

b Lies die Texte noch einmal. Was steht im Text und was nicht? Korrigiere die falschen Informationen.

1. Die Jugendlichen haben vormittags und nachmittags Schule.
2. Ein Junge will Fußballprofi werden.
3. Das THW ist ein Tanzclub.
4. Ein paar Mädchen arbeiten in der Kirchengemeinde mit.
5. Die Jugendlichen haben viel Freizeit.
6. Sie sind abends müde und wollen nur noch chillen oder chatten.
7. Toni hat nicht so viel Unterricht.
8. Emily hat fast nur in den Ferien Zeit für Hobbys.

c Ergänze das *Denk nach*.

d Schreib einen Kommentar zum Blog.

Denk nach

wollen	
ich	will
du	willst
er/es/sie/man	Will
wir	Wollen
ihr	wollt
sie/Sie	wollen

♪ 33

10 Phonetik: *w*

a Hör zu und sprich nach.

wwwww – ich will, du willst, er will, sie will, wir wollen, ihr wollt, sie wollen
wer? – wo? – wann? – am Wochenende
Volleyball spielen – Quark essen – Quatsch machen

b Such W-Wörter und schreib drei Sätze mit vielen W-Wörtern. Tauscht die Zettel. Dein Nachbar liest die Sätze vor.

Wie viel Quadratmeter hat deine Wohnung?

11 *Wollen* und *müssen* – Ein Spiel

a Wähl aus dem Kasten je zwei Dinge:

1. Das will ich jeden Tag machen.
2. Das muss ich jeden Tag machen.

mein Zimmer aufräumen – einkaufen gehen – Musik hören – früh aufstehen – lange schlafen – in die Schule gehen – ins Kino gehen – lesen – Wörter lernen – fernsehen – Computer spielen – Hausaufgaben machen – in der Küche helfen – Freunde treffen – mit unserem Hund spazieren gehen

Schreib die vier Sätze auf einen Zettel. Dein Partner/Deine Partnerin darf deinen Zettel nicht sehen.

1. Ich will jeden Tag ins Kino gehen.
2. Ich will jeden Tag ...
3. Ich muss jeden Tag ...
4. Ich muss jeden Tag ...

b Spielt zu zweit. Fragt euch gegenseitig mit Ja/Nein-Fragen und findet heraus, was der/die andere notiert hat. Wer zuerst alle Antworten geraten hat, ist Sieger.

- ● Musst du jeden Tag früh aufstehen, Senia?
- ■ Nein. Willst du jeden Tag Musik hören?
- ● Ja.

Tom will	*Tom muss*
1. Musik hören	*...*

12 Umfrage zum Thema „Meine Woche"

Lest die Fragen. Fragt euch gegenseitig und notiert die Informationen.

Wann gehst du morgens aus dem Haus?
Wann kommst du nach Hause?
Wie lange machst du Hausaufgaben?
Was machst du dann?
Wann gehst du ins Bett?
Wann stehst du am Wochenende auf?
Musst du auch am Wochenende lernen?

Wie lange pro Woche (in Minuten) …
siehst du fern?
spielst du Computer?
machst du Sport?
liest du?
hörst du Musik?
Wie oft bist du mit Freunden zusammen?
Wie oft redest du mit deinen Eltern?

Projekt Freizeitmöglichkeiten in eurer Stadt

Welche Freizeitmöglichkeiten gibt es bei euch?
Macht Plakate oder eine Präsentation (Wo? Wer? Wann? Wie teuer?).

Über Freizeitaktivitäten sprechen

Ich spiele in der Schülerband. Ich spiele Gitarre.
Ich mache Judo. Wir trainieren jede Woche.
Ich muss viel für die Schule lernen. Meistens habe ich nur am Wochenende Zeit.
Von April bis Juni regnet es bei uns viel. Im Juli und August kann man gut ins Freibad gehen.

Freizeitaktivitäten planen

Was machst du am Samstag?	Keine Ahnung. / Ich weiß nicht.
Willst du mit ins Schwimmbad kommen?	Keine Lust. / Keine Zeit. / Ja, gute Idee.
Wollen wir eine Radtour machen?	Ich gehe lieber ins Kino.
Holst du mich ab?	Ich hole dich um sechs ab.

Noten, Zeugnisse und Ferien vergleichen

In der Schweiz haben die Schüler sechs Wochen Sommerferien. Wir haben acht Wochen.
In Deutschland ist die Note 6 sehr schlecht. Bei uns ist 6 sehr gut.

Außerdem kannst du ...

... Informationen in Zeitungsanzeigen finden.
... Texte über Schule in den deutschsprachigen Ländern verstehen.
... ein Blog über die Aktivitäten von Schülern verstehen, kommentieren und schreiben.

Grammatik — kurz und bündig

Satzklammer

	Position 2		Ende
Ich	will	heute ins Schwimmbad	gehen.
Ich	kann	nicht	mitkommen.
Ich	muss	heute	lernen.

Modalverb *wollen*

ich	will
du	willst
er/es/sie/man	will
wir	wollen
ihr	wollt
sie/Sie	wollen

Verneinung mit *nicht* oder *kein*

ein → **kein**	Ich habe einen Computer / ein Handy / eine Zeitung.	
	Ich habe **k**einen Computer / **k**ein Handy / **k**eine Zeitung.	
	Ich habe kein Geld / keine Zeit / keine Lust.	
nicht	Ich schwimme gern.	Ich schwimme **nicht** gern.
	Ich kann kochen.	Ich kann **nicht** kochen.
	Ich spiele gut Tennis.	Ich spiele **nicht** gut Tennis.

Präpositionen (temporal): *im, am, um, ab*

im	→ Monat/Jahreszeit	im Januar, im Winter
am	→ Wochentag/Tagesabschnitt	am Montag, am Vormittag, ! in der Nacht
um	→ Uhrzeit	um 8 Uhr
ab	→ Zeitpunkt	ab 3 Uhr / ab Montag / ab April

Suchrätsel

Oskar hat Geburtstag und er bekommt viele Geschenke. Sechs Geschenke *hängen/liegen/stehen/sind* in seinem Zimmer. Arbeitet zu zweit und markiert sie in Bild B. Wer findet die Geschenke zuerst?

Sprecht in der Klasse.

Auf dem Boden zwischen dem Schreibtisch und dem Bett steht ein Rucksack.

Richtig! Der ist neu!

34 Du hörst drei Zimmerbeschreibungen. Welche passt? Zu welchem Bild passt sie?

Spielt zu zweit. A führt den Hund zum Knochen und B führt die Katze zum Fisch.

Werft eine Münze.

Kopf:
Geh einen
Schritt weiter.

Zahl:
Geh zwei
Schritte weiter.

Hund und Katze mögen sich nicht: Kommt ein Tier auf ein Feld, wo das andere Tier steht, muss das 2. Tier drei Felder zurück. Wer ist zuerst am Ziel?

Start A  **Ziel B**	Pantomime: Spiel die Adjektive: müde, traurig, froh	Nenne Artikel und Plural von: Decke, Wand, Schrank	Je zwei Beispiele: Ich will … Ich muss …	Was isst du zu Mittag? 2 Beispiele 
Beschreibe dein Zimmer. 3 Sätze 	Was trinkst du sehr gerne? 3 Beispiele 	Antworte: *Kommst du mit ins Kino?* ☹	Stimmt das? Schüler in Deutschland haben ungefähr 50 Tage Sommerferien.	Wie heißt der Satz? vor – steht – mein Stuhl – dem Schreibtisch
Konjugiere: müssen wollen	Nenne vier Freizeitaktivitäten im Winter.	Was isst du zum Frühstück? 3 Beispiele 	Das sagen Eltern oft: R… bitte dein Z… a…!	Stimmt das? Der Christstollen kommt aus Wien.
Nenne 4 Monate mit 31 Tagen. 	Stimmt das? Die Weißwurst kommt aus Wien.	Nenne Artikel und Plural von: Stuhl, Bett, Lampe	Was isst du sehr gerne? 3 Beispiele	Antworte: *Isst du keinen Fisch?* ☺
Der Rucksack … … dem Boden. 	Nenne vier Gegenstände aus deinem Zimmer. 	Ergänze die Präpositionen: … Frühling … September … Montag … 13 Uhr	Imbissbude *Was möchtest du du?* …	**Start B**  **Ziel A**

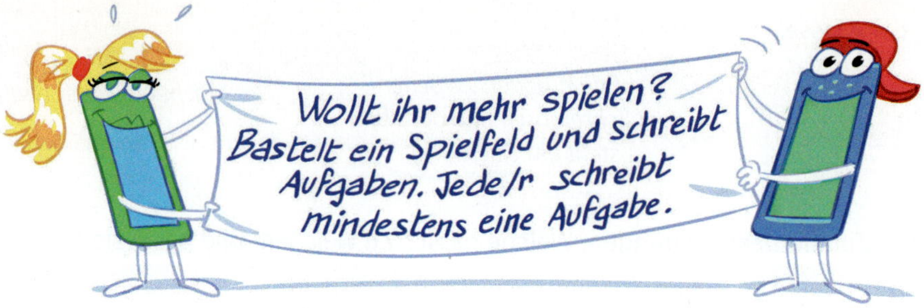

Literatur

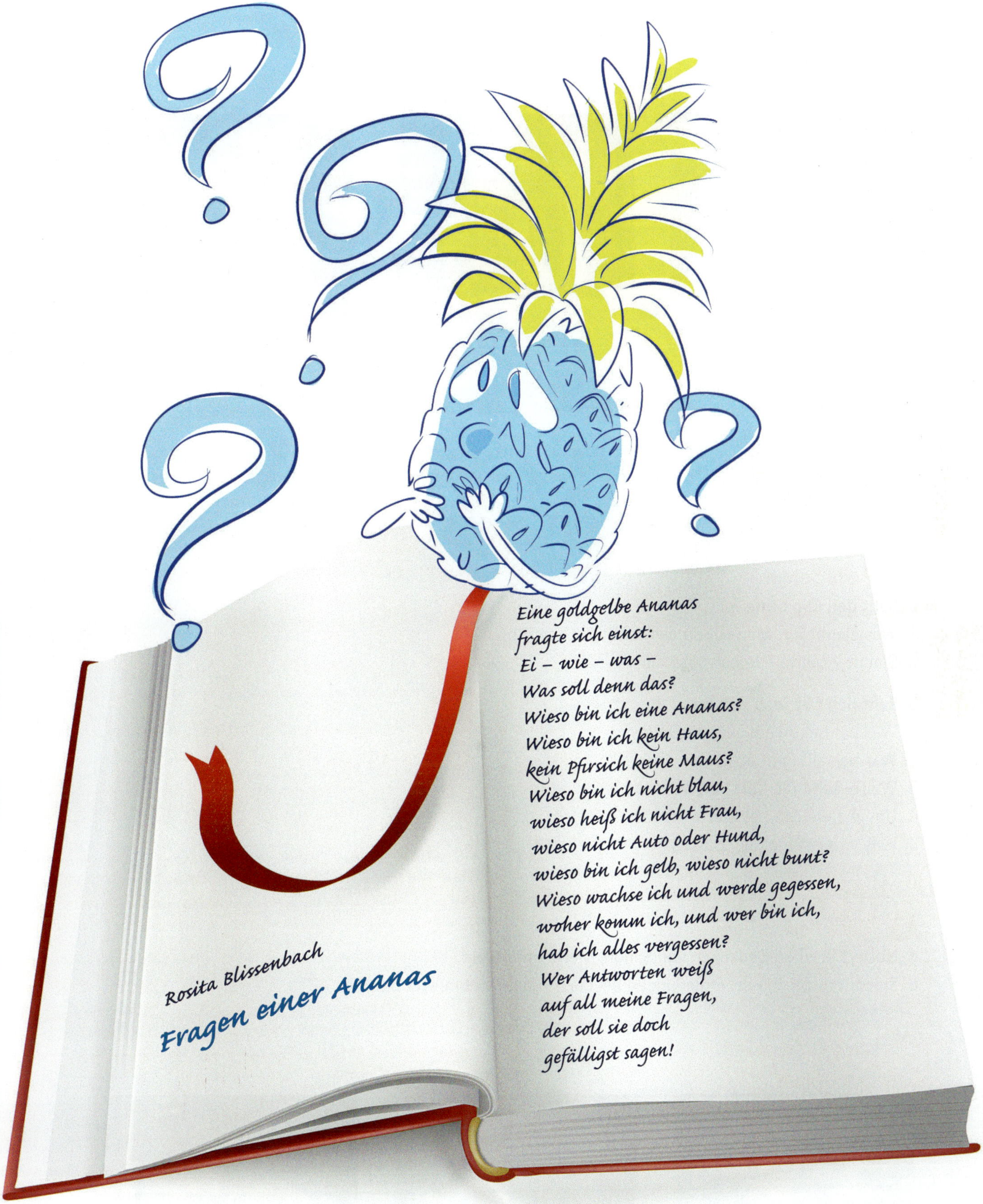

Rosita Blissenbach

Fragen einer Ananas

Eine goldgelbe Ananas
fragte sich einst:
Ei – wie – was –
Was soll denn das?
Wieso bin ich eine Ananas?
Wieso bin ich kein Haus,
kein Pfirsich keine Maus?
Wieso bin ich nicht blau,
wieso heiß ich nicht Frau,
wieso nicht Auto oder Hund,
wieso bin ich gelb, wieso nicht bunt?
Wieso wachse ich und werde gegessen,
woher komm ich, und wer bin ich,
hab ich alles vergessen?
Wer Antworten weiß
auf all meine Fragen,
der soll sie doch
gefälligst sagen!

Was isst du denn da?

1 Vor dem Sehen

Ordne jedem Bild zwei Sprechblasen zu.

1. … macht 3,50 €.
2. Brötchen, wieso?
3. Hallo, ich hätte gerne eine Frikadelle mit Senf.
4. Ja klar.
5. Kommst du mit ins Kino?
6. Was isst du denn da?

2 Beim Sehen

a Seht den Clip **ohne** Ton.

1. Was glaubt ihr: Mag Simon das Sandwich von Robin?
2. Simon – Merle – Robin: Was fällt euch auf?

b Seht den Clip jetzt **mit** Ton.

1. Was hat Simon auf seinem Sandwich?
2. Was bestellt Simon genau?
3. Wer bezahlt die Cola von Merle?
4. Um wie viel Uhr ist Merle am Kino?
5. Was vergisst Simon? Warum?

3 Nach dem Sehen

a Notiert je einen Gedanken von Simon, Merle und Robin.

b Sprecht in der Klasse. Einladungen bei euch: wann, wohin, wer bezahlt …?

Die Verabredung

1 Vor dem Sehen

Seht euch das Bild sehr genau an. Was könnt ihr alles entdecken?

Das ist eine Straße.

Merle steht …

2 Beim Sehen

a Notiert genau: Was macht Merle?

b Wann schaut Merle auf die Uhr und wann beginnt der Film?

c Wann kommt Simons SMS?

d Welcher Text steht auf der SMS? Warum kommt Simon nicht?

3 Nach dem Sehen

a Notiert Merles Gedanken.

b Schreibt Merles SMS an Simon.

c Ihr habt eine Verabredung zum Kino. Die andere Person kommt nicht. Was macht ihr? Was sagt ihr?

Bei Madame Tussauds

1 Vor dem Sehen

Lies den Text über Madame Tussaud und die Aussagen 1–4. Was ist richtig, was ist falsch?

Die Gründerin von dem Museum „Madame Tussauds" heißt Marie Tussaud (*1761 in Straßburg, †1850 in London). Von 1802 bis 1850 lebt Marie Tussaud in London. Dort macht sie Wachsfiguren zusammen mit ihren Söhnen und gründet 1835 das Museum. Seit 1971 gibt es Madame-Tussauds-Museen in der ganzen Welt, z. B. in Amsterdam, New York, Bangkok, Shanghai, Tokio und Wien. Das Museum in Berlin gibt es seit 2008. Alle Museen zeigen berühmte Menschen als Wachsfiguren: Schauspieler/innen, Sänger/innen, Sportler/innen, Models, Politiker/innen …

1. Marie Tussaud ist Engländerin.
2. Das Museum „Madame Tussauds" in London ist über 150 Jahre alt.
3. Es gibt zwei Museen: eins in London und eins in Berlin.
4. Die Wachsmodelle zeigen Personen und Häuser.

2 Beim Sehen

a Welche Personen erkennt ihr? Notiert.

b Ergänze die Sprechblasen.

Die … sehen sehr echt aus, aber sie bewegen sich … Sie sind aus … Aber die Besucher sind …

Mach deine … aus … und nimm Sie mit nach …

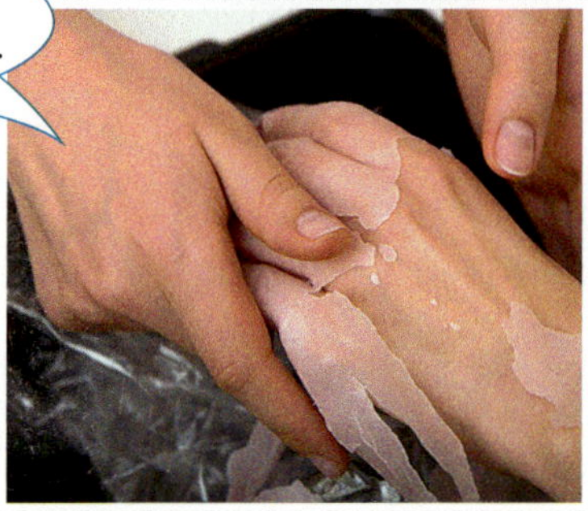

3 Nach dem Sehen

a Hier sind die Namen von einigen Personen aus dem Video.
Schaut in Internet nach und ordnet die Namen in die Tabelle ein.

Sport	Musik/Film	Politik/Adel	Wissenschaft/Religion
…	…	…	…

Karl Marx – Beyonce Knowles – Angela Merkel – Jennifer Lopez – Elisabeth von Österreich-Ungarn (Sissi) – Oliver Kahn – Albert Einstein – Muhammad Ali – Sophie Scholl – Franz Beckenbauer Ludwig van Beethoven – Dalai Lama – Helmut Kohl – George Clooney

b In allen Madame-Tussauds-Museen findet man weltberühmte Personen und berühmte Personen aus der Region. Wer muss in einem Madame-Tussauds-Museum in eurem Land drin sein?

11

Das sieht gut aus!

Das lernst du

– Über den Körper und Gesundheit sprechen
– Über Kleidung, Mode und Einkaufen sprechen
– Sich und andere beschreiben

A
Das ist der Geburtstag von meinem Cousin Georg. Er ist jetzt 17. Hier sind wir im Kletterpark. Das Mädchen ist Pia, Georgs Freundin. Georg macht Judo und hat viel Kraft in den Armen und Beinen. Pia macht Akrobatik und kann auch gut klettern.

B
Mein Cousin Georg macht Akrobatik. Er hat viel Kraft. Seine Freundin Pia macht Judo. Das Foto ist von Tante Emmas Geburtstag. Der ist immer langweilig: sitzen, essen, trinken, reden. Aber es gibt in der Nähe einen Kletterpark, da gehen wir dann gern hin.

Du hörst fünf Geräusche. Welche Körperteile braucht man für diese Tätigkeiten? 35

Sieh das Bild genau an. Was ist hier seltsam?

Lies die Texte und hör dann zu. Passt das Gespräch zu Text A oder B? 36

1 Körper

a Wie viele … hat man? Fragt und antwortet.

Wie viele Augen hat man?

Wie viele Haare hat man?*

Wie viele …

b Was brauchst du zum …? – Sammelt zuerst Tätigkeiten. Fragt und antwortet in der Klasse.

Was brauchst du zum Essen?

2 Ich habe Kopfschmerzen.

a Erfindet Ausreden wie im Beispiel.

Schreib die Beispiele ins Heft. Hör die Interviews. Lies den Text. Sprecht den Dialog zu zweit. Lies die Hausaufgaben vor.	Ich habe Kopfschmerzen / Halsschmerzen / Rückenschmerzen. Ich habe Fieber / eine Erkältung. Mein Hals / Mein Rücken tut weh. Meine Ohren tun weh. Mir ist schlecht.

er/es/sie	tut
sie	tun

b Schreibt drei weitere Aufforderungen und fordert eure Mitschüler auf.

Projekt Macht Lernplakate zu Wortfeldern. Es gibt viele Möglichkeiten. Hier ein Beispiel zum Thema „Körperteile“. Die Fotos könnt ihr selbst machen.

TIPP
Wörter ordnen hilft beim Lernen.

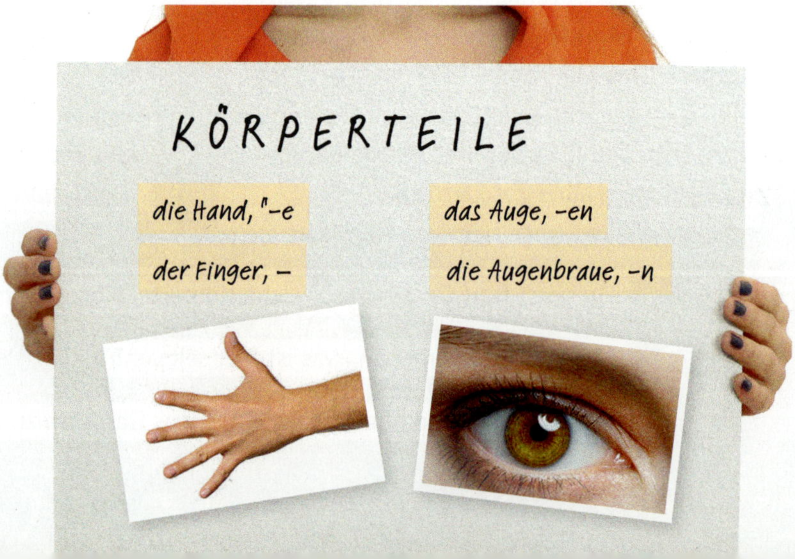

*Es sind 90 000–150 000, je nach Farbe.

3 Die Zirkus-AG

a Lies den Text. Welche Aussage ist richtig? Notiere a, b oder c.

In den deutschsprachigen Ländern gibt es viele Zirkus-Projekte am Nachmittag und Zirkus-Freizeiten in den Ferien. Die Jugendlichen können jonglieren, Akrobatik, Einrad fahren usw. lernen. Sie planen und trainieren zusammen ein Programm und zeigen es den Eltern und Freunden.
Die Zirkus-AG der Schule findet einmal pro Woche statt. Etwa 50 Schüler aus den Klassen 8 bis 13 nehmen teil. Die Zirkus-Lehrerin, Frau Morgantti, macht selbst Akrobatik am Boden und am Trapez. Sie hilft den Schülerinnen und Schülern beim Einüben der Nummern. Einmal pro Jahr, meistens im Juli, macht die AG eine Aufführung. In den Wochen vor der Aufführung findet das Training fast täglich statt.

Julia und Ele

Karl, Malte, Philipp und Nils

Nanetta, Malina, Carula

1. In den deutschsprachigen Ländern
   - a ist Akrobatik ein Schulfach.
   - b kann man Akrobatik in der Freizeit machen.
   - c lernen Schüler jonglieren.

2. In der Zirkus-AG
   - a trainieren die Schüler täglich.
   - b machen auch Eltern mit.
   - c erarbeiten die Schüler ein Programm.

3. Die Aufführung findet
   - a mehrmals im Jahr statt.
   - b meistens im Sommer statt.
   - c jede Woche statt.

37-39 **b Hör zu. Lies dann 1–3 und ordne die Aussagen den Fotos A–C zu.**

1. Hier steht eine auf den Schultern von den beiden anderen und macht gleich einen Handstand.
2. Am liebsten macht sie Trapez-Akrobatik. Sie macht die Augen zu, dann ist es wie Fliegen.
3. Die vier spielen schon lange Diabolo zusammen. Jetzt probieren sie Diabolo mit Akrobatik.

c Akrobatik und Sport – Was macht ihr? Was möchtet ihr gerne machen?

Ich möchte gerne … lernen.

Ich kann ein bisschen …

Jungen machen gerne …

4 Phonetik: z

40 **Hör zu und sprich nach.**

Wie geht's im Zirkus?
Zwölf Zebras tanzen Walzer.
Zwei Katzen sitzen auf dem Trapez.
Zehn Polizisten essen Pizza.

Im Deutschen spricht man die Buchstaben z, tz, ts immer „ts".

5 Modenschau

41 **a** Sieh dir die Bilder an. Hör zu und sprich nach.

42 **b** Hört den Dialog. Über welche Bilder sprechen die beiden?

c Wie findest du …? Sprecht in der Klasse.

Wie findest du den Pullover von Sara?

Den finde ich cool. Ich mag Weiß.

Und die Jacke?

Die ist total verrückt, aber nicht mein Geschmack.

☺	☹
(echt) gut	(total) blöd
super toll	nicht so toll
cool	uncool
(ganz) süß	hässlich
(total) verrückt	(total) langweilig

6 Pluralformen trainieren und Wortschatz wiederholen – Ein Spiel

Arbeitet in Gruppen. Jede Gruppe notiert je 10 Nomen zu „Körper" und „Kleidung".
- Gruppe A sagt ein Nomen.
- Gruppe B sagt das Nomen mit Artikel und Pluralform.
- Für jede richtige Antwort 2 Punkte.

Pluralendungen
- nach *-e* fast immer *-n*
- nach *-er*/*-el* fast nie eine Pluralendung

7 Du siehst total gut aus!

43 **a** Hör den Dialog. Was kauft Lena? Warum kauft Ada nichts?

- ● Wie findest du den Pullover, Ada?
- ■ Also, ich finde ihn zu weit. Probier mal den hier.
- ● Und – wie ist der?
- ■ Der Pullover ist echt super. Lena, du siehst total gut aus!
- ● O.k., dann kaufe ich ihn. Und wie findest du die Jacke?
- ■ Ich finde sie cool.
- ● Ich auch, aber sie ist zu teuer. 200 Euro!

…

b Lies den Dialog und ergänze das *Denk nach*.

Denk nach

Wie findest du …

… den Pullover?	Ich finde … gut.
… das T-Shirt?	Ich finde es gut.
… die Jacke?	Ich finde … gut.
… die Schuhe?	Ich finde sie gut.

c Arbeitet mit Bildern aus Zeitschriften.

d Spielt Dialoge wie in a.

Wie findest du die Jacke?

Ich finde sie toll, aber sie ist viel zu teuer.

Das T-Shirt ist …

zu groß	⟷	zu klein
zu lang	⟷	zu kurz
zu eng	⟷	zu weit
sehr billig	⟷	zu teuer
zu langweilig	⟷	zu verrückt
		zu bunt

Projekt

Was ist gerade bei euch „in"?
Denkt an Mode, Sport, Spiele usw. Recherchiert und präsentiert eure Ergebnisse.

8 Wer ist das?

v **a** Lies die Beschreibung und such die Person.

Die Person ist 1,66 m groß. Ihre Haare sind blond und kurz. Ihre Augen sind blaugrün. Im Sommer trägt sie gerne T-Shirts, aber jetzt ist Herbst und sie trägt ein Sweatshirt. Ihre Lieblingsfarbe ist grün und ihr Markenzeichen ist die Kappe. Sie kann sehr lustig sein und lacht gerne.

tragen

ich trage
du trägst
er/es/sie/man trägt

44 **b** Hör zu. Wer ist es?

9 Sprechen üben

45 **Hört zu und sprecht nach.**

… 1 Meter 60 groß.	… ist 1 Meter 60 groß.	Die Person ist 1 Meter 60 groß.
… kurz.	… blond und kurz.	Ihre Haare sind blond und kurz.
… ein Sweatshirt.	… trägt sie ein Sweatshirt.	Im Herbst trägt sie ein Sweatshirt.
… lustig sein.	… sehr lustig sein.	Sie kann sehr lustig sein.

10 Bilder beschreiben

Bringt Fotos mit und hängt sie im Unterricht auf.
Wählt ein Fotos aus und beschreibt es.
Die anderen raten die Person.

Die Person ist ungefähr … groß.
Ihre Haare sind …
Ihre Augen sind …
Sie trägt …
Die Person sieht … aus. (gut, toll, verrückt, interessant, langweilig, cool, sympathisch ...)
Ich finde die Person …

11 Umfrage zum Thema „Mode"

Klar, Mode ist wichtig. Ich lese gerne Modezeitschriften und gehe gerne shoppen, am liebsten mit Katie, das ist meine Schwester. Manchmal kauft auch meine Mutter etwas für mich, aber sie kennt die Mode nicht so gut. Wir bekommen 60 € Taschengeld pro Monat und müssen unsere Kleidung selbst kaufen.

Anna Lena, 13 Jahre, Bonn

Ich kaufe nicht gerne Kleidung, das ist langweilig, aber Schuhe finde ich interessant. Ich habe viele Schuhe, ich bin ein Schuhfan. Jetzt habe ich Sportschuhe, die sind goldgelb, voll cool.

Tim, 14 Jahre, Leipzig

Ich finde Mode nicht so wichtig, denn ich habe meinen eigenen Stil. Ich gehe gerne einkaufen, dann finde ich immer etwas. Meine Mutter kauft nichts mehr für mich. Ich möchte meine Sachen selbst aussuchen.

Mirja, 14 Jahre, Stuttgart

Mode? Das ist nichts für mich. Mode finde ich langweilig. Eine Hose, ein T-Shirt und Schuhe, Hauptsache bequem. Meine Mutter kauft alles für mich. Ich gehe nicht gerne einkaufen.

Max, 13 Jahre, Bremen

a Lies die Texte und notiere für 1–6 R (richtig) oder F (falsch).

1. Alle kaufen gerne ein.
2. Tim kauft gerne Schuhe.
3. Max findet Mode wichtig.
4. Max kauft nichts selbst ein.
5. Anna Lena kauft alles selber ein.
6. Mirjas Mutter kauft nichts für Mirja.

b Ordne 1–5 und a–e zu. Schreib Fragen für ein Interview.

1. Ist Mode	a) brauchst du für Kleidung?
2. Was trägst du am	b) für dich wichtig?
3. Wer kauft	c) gerne?
4. Was kaufst du	d) Kleidung für dich?
5. Wie viel Geld	e) liebsten?

für + Pronomen im Akkusativ

für mich, dich, ihn, es, sie, uns, euch, sie, Sie

Mode ist wichtig für mich.

c Macht Interviews mit den Fragen aus b.

Ist Mode wichtig für dich?

Ja, für mich ist Mode sehr wichtig.

d Berichtet in der Klasse.

Mode ist für Katia wichtig. Sie mag Mode sehr. Sie trägt am liebsten Röcke.

Über den Körper und Gesundheit sprechen

Alle Menschen haben einen Kopf, einen Mund und eine Nase, einen Bauch und einen Rücken, zwei Augen und zwei Ohren, zwei Arme und zwei Hände, zwei Beine und zwei Füße, zehn Finger und viele, viele Haare.

Mein Kopf/Hals/Bauch tut weh.
Ich habe Kopfschmerzen/Halsschmerzen/Zahnschmerzen.
Meine Finger tun weh.

Über Kleidung, Mode und Einkaufen sprechen

Wie findest du den Pullover?	Ich finde ihn zu verrückt.
Wie findest du das Hemd?	Ich finde es hässlich.
Wie findest du die Schuhe?	Ich finde sie gut.

Die Hose ist zu eng / zu weit / zu kurz / zu lang …
Die Jacke ist zu teuer.
Das T-Shirt sieht gut aus.
Mode ist wichtig / nicht wichtig für mich.
Ich kaufe meine Kleidung selbst ein.
Meine Mutter kauft alles/etwas/nichts für mich.

Sich und andere beschreiben

Ich bin 1,64 (einen Meter vierundsechzig) groß.
Meine Haare sind blond und meine Augen braun.
Ich trage gerne Jeans und T-Shirts.
Im Winter habe ich manchmal ein Sweatshirt an.
Ich trage meistens einen Ohrring.

Außerdem kannst du …

… Texte über die Themen „Zirkus-AGs“ und „Mode“ verstehen.
… ein Interview zum Thema „Mode“ machen.

Grammatik kurz und bündig

Pronomen im Akkusativ

Nominativ	ich	du	er	es	sie	wir	ihr	sie/Sie
Akkusativ	mich	dich	ihn	es	sie	uns	euch	sie/Sie

Präposition *für* + Akkusativ

– Ist Mode wichtig für dich?
– Ja, sie ist wichtig für mich.

Verben: *tun, tragen*

ich	tue	trage
du	tust	trägst
er/es/sie/man	tut	trägt
wir	tun	tragen
ihr	tut	tragt
sie/Sie	tun	tragen

12

Partys

Das lernst du

- Jemanden einladen
- Glückwünsche aussprechen
- Eine Party planen
- Über eine Party sprechen
- Über die Vergangenheit sprechen

Herzlichen Glückwunsch zum Geburtstag!

Alles Liebe! Alles Gute!

Alles Liebe! Viel Glück und Spaß im nächsten Jahr!

Herzlichen Glückwunsch zum Geburtstag! Mach's gut!

Alles Gute zum Geburtstag! Mach weiter so!

Ist der Geburtstag bei euch auch ein wichtiges Fest? Welche Feste feiert ihr?

Hört zu. Welche Gratulation passt zu welchem Foto? 46

Glückwünsche auf Deutsch und in anderen Sprachen. Sammelt in der Klasse.

1 Die Einladung

47 **a** **Hör zu. Kommt Emily zu Theas Party?**

b **Hör noch einmal und ergänze die Zeitangaben im Dialog.**

● Mauser.
■ Kann ich bitte mit Emily sprechen?
● Wer spricht?
■ Hier ist Thea.
● Ach, hallo, Thea. Moment, ich rufe Emily. Emily, kommst du mal? Telefon!

Emily

▶ Hallo.
■ Hi, Emily, ich habe nächste … Geburtstag und will eine Party machen, kommst du?
▶ Wann denn?
■ Am nächsten … .
▶ Wie viel Uhr?
■ Um … .
▶ Und bis wann geht die Party?
■ So bis … . Ich muss noch meine Mutter fragen.
▶ Wer kommt noch?
■ Nele, Julian …
…

Thea

c **Schreibt und spielt einen ähnlichen Dialog.**

2 Geschenke

48 **a** **Hör zu. Kommen Stefan und Kevin zu Theas Party?**

V **b** **Hör noch einmal. Was wollen sie Thea schenken?**

i Die meisten Menschen in den deutschsprachigen Ländern feiern ihren Geburtstag mit der Familie und mit Freunden. Besonders wichtige Geburtstage sind: der 16., der 18. (Volljährigkeit) und die „runden" Geburtstage (der 30., 40., 50. …). Zum Geburtstag bekommen Kinder von den Eltern, Großeltern und anderen Verwandten und auch von Freunden Geschenke. Manchmal sind die Geschenke Dinge, wie z. B. Kleidung, ein Fahrrad oder Bücher, manchmal ist es Geld. Die Gäste bringen zur Geburtstagsparty ein Geschenk mit. Außerdem gibt es meistens einen Geburtstagskuchen oder eine Geburtstagstorte mit Kerzen. Wenn man z. B. 14 Jahre alt wird, gibt es auf dem Kuchen 14 Kerzen.
Übrigens: „Geburtstagskind" ist man auch noch mit 80 Jahren.

3 Theas Geburtstag

a Lies den Text. Zu welchen Uhrzeiten passen die Fotos?

A

Ich packe die Geschenke aus.

B

Ich puste die Kerzen aus.

Schüler-Blog | **+Kommentar** | **Suchen** | ⇨ **Startseite**

Mein Geburtstag: Teil 1 – Mittwoch

Mittwoch

06:45 Meine Mutter „weckt" mich. Natürlich bin ich schon lange wach. Ich bin aufgeregt. Was bekomme ich?

06:47 Im Wohnzimmer ist mein Geburtstagstisch. Die Geburtstagskerzen brennen.
Papas und Mamas Geschenke liegen auf dem Tisch. Alles ist hübsch verpackt.
Ich will gleich auspacken, aber ich muss Geduld haben. Mama, Papa und mein Bruder
49 Oskar wollen zuerst „Hoch soll sie leben" singen.

06:52 Ich packe meine Geschenke aus. Ein klasse T-Shirt, Inliner und ein Hörbuch. „Tintenherz". Super!

07:00 Ich dusche und frühstücke. Heute bekomme ich alles, was ich möchte, deshalb gibt es „Schokobrötchen". Die gibt es sonst nie. „Ungesund!", meint Mama.

07:30 Papa fährt mich sogar zur Schule. Atze, Olli, Benni, Emily, Kevin und alle gratulieren.

14:00 Wieder zu Hause. Schnell die Hausaufgaben machen. Zum Glück ist es nicht viel. Deshalb kann ich faul sein und „Tintenherz" hören.

15:00 Opa, Oma, Tante Inge und Onkel Harald kommen zum Kaffee. Sie schenken Geld. Ich möchte einen Fotoapparat kaufen.

Mein Geburtstag: Teil 2 – Freitag

Freitag

14:00 Ich muss die Party vorbereiten: Getränke und Geschirr hinstellen.
Mama macht die Salate. Oma bringt Kuchen.

17:00 Die Gäste kommen: 8 aus der Klasse, 5 Freundinnen vom Fußball, mein Cousin Nick und meine Cousine Sarah.
Geschenke: ein Computerspiel, ein Buch, Geld für die Kamera. Meine beste Freundin, Ida, hat ein Fotoalbum für mich.

17:30 Erst gibt es Kuchen. Dann machen wir Spiele.

19:30 Es gibt Würstchen mit Kartoffelsalat oder Nudelsalat, Wurst- und Käsebrötchen.
Dann hören wir Musik. Einige tanzen. Ich tanze mit Ron. Ich mag ihn sehr. Er ist lustig, klug und sehr nett.
Später gucken einige (Jungs!) Videoclips und die anderen quatschen.

23:00 Alle gehen nach Hause. Nele und Anna schlafen hier. Wir sind hundemüde, deshalb gehen wir ins Bett und hören noch ein bisschen „Tintenherz". Es ist sehr gemütlich.

b Beschreib die Fotos.

4 Der Super-Geburtstag

a Schreib über einen Super-Geburtstag: morgens, vormittags, mittags, nachmittags, abends – Familie, Freunde, Geschenke …

7 Uhr Ich bleibe im Bett und schlafe.
8 Uhr Ein Lkw mit Geschenken kommt.
Mein Bruder …

b Essen, Aktivitäten, Geschenke, Fest, Spiele …
Schreib fünf Fragen. Fragt in der Klasse.

Was für + indefiniter Artikel
Was für ein/eine/einen/– ?

Wer kommt zu deinem Geburtstag?

Was für ein Fest machst du?

Was für Geschenke bekommst du zum Geburtstag?

5 Deshalb

a Such im Text auf Seite 45 die Sätze mit *deshalb* und ergänze das *Denk nach*.

Denk nach

		Position 2			Ende
Ich habe keine Hausaufgaben.	Deshalb	kann	ich	„Tintenherz“	hören.
	Ich	kann	deshalb	„Tintenherz“	hören.
Wir sind hundemüde,	deshalb	…	…	gleich	ins Bett.
	Wir	gehen	deshalb	gleich	ins Bett.

b Verbinde die Sätze mit *deshalb*.

1. Ich will bis Mitternacht feiern. Ich feiere am Samstag.
2. Ich will richtig feiern. Ihr müsst alle kommen.
3. Ich fotografiere gern. Ich will einen Fotoapparat kaufen.
4. Ich spare für eine Kamera. Ich bekomme von Oma und Opa Geld.
5. Alle haben Hunger. Meine Mutter macht einen Kartoffelsalat.
6. Meine Freunde tanzen gern. Musik ist wichtig.

Ich will bis Mitternacht feiern, deshalb feiere …

c Schreib Sätze.

1. Ich will eine Party machen, deshalb …
2. Wir schreiben nächste Woche eine Mathearbeit, deshalb …
3. Meine Freundin mag Musik, deshalb …

…

Tipp

Freizeit und Arbeitszeit planen
Notiere eine Woche lang deine Arbeitszeiten und deine freien Zeiten nach der Schule.
Mach eine Tabelle.
Ist deine Arbeit gut verteilt? Wie kannst du deine Arbeitszeiten besser organisieren?

6 Vorbereitungen für eine Party

50 **a** Stefan und Emily bereiten eine Party vor. Hör zu. Über welche Themen sprechen sie?

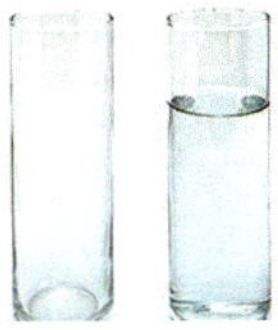

das Glas, ¨-er

der Teller, –

das Messer, –
die Gabel, -n
der Löffel, –

Käse (500 Gramm/g)

Brötchen

Wurst (2 Kilo/kg)

1 Kasten Wasser (12 Flaschen)

Kuchen

Limonade

Orangensaft

Erdnüsse (4 Packungen)

b Hör das Gespräch noch einmal und beantworte die Fragen.

1. Wann und wo machen sie die Party?
2. Wer bringt Musik mit?
3. Woher bekommen sie Gläser, Teller, Messer und Gabeln?
4. Was gibt es zu essen? Wie viele Brötchen, wie viel Wurst und Käse?
5. Was für Getränke planen sie? Wie viele?

♪ 51 **c** Phonetik: *a – ä – e – i* lang – Hör zu und betrachte die Fotos.

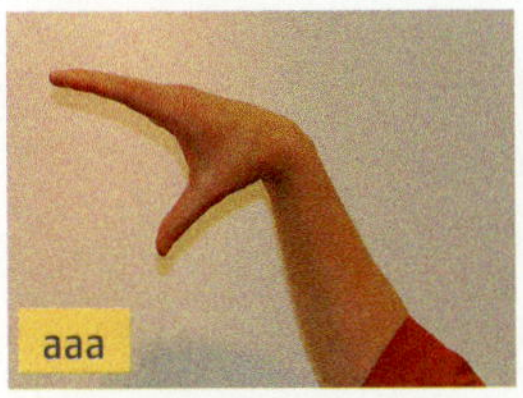

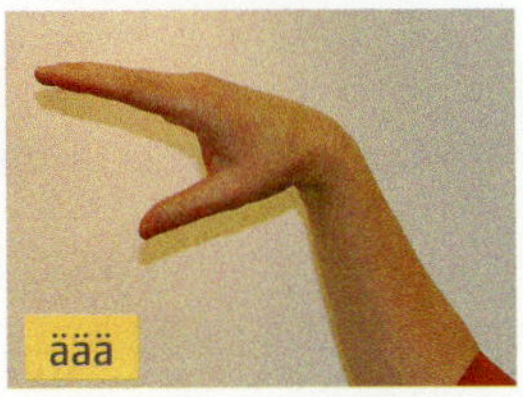

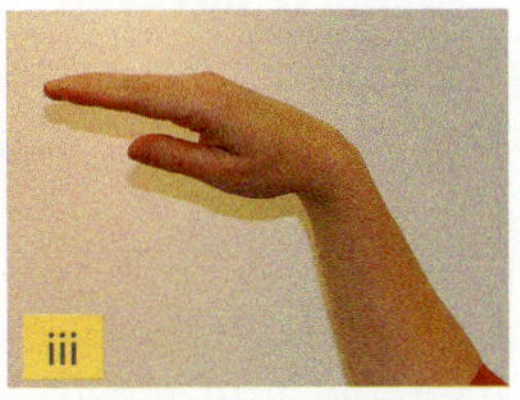

52 **d** Hör zu und sprich nach.

aaa Abend **äää** Käse **eee** leben **iii** wie viel

53 **e** Hör zu und sprich nach.

Wie geht's? – Später am Abend gibt's Käse. – Wir singen das Lied „Hoch soll er leben".

Projekt Ihr wollt eine Party machen. Ihr müsst alles selbst organisieren (Essen, Geschirr ...). Arbeitet in Gruppen. Jede Gruppe macht einen Plan.

1. Wo und wann wollt ihr die Party machen?
2. Was für Musik wollt ihr spielen?
3. Was wollt ihr machen: tanzen, singen, spielen ...?
4. Was wollt ihr essen? Wer kann das Essen besorgen?

...

Ich bin für Samstag.

Der hat aber fast nur Hip-Hop.

Leon hat super Musik.

Frida kann ihre Gitarre mitbringen.

7 Über eine Party erzählen

54 **a Hör den Dialog und ergänze die Sätze 1–12.**

Nele Wo warst du denn gestern?
Jonas Zu Hause. Warum?
Nele Gestern war die Party von Thea. Sie hatte echt super Essen und klasse Musik.
Jonas Oh, ja … äh – Ich hatte keine Zeit.
Nele Du hattest keine Zeit? Ach, komm …
Jonas Mm, ja – eigentlich war es so: Meine Mutter war sauer. Mathe 5 und so … Ich hatte total Stress. Wie war die Party?
Nele Einfach klasse. Wir hatten echt viel Spaß. Es war richtig gut.
Jonas Waren Emily und Julian da?
Nele Ja, die beiden waren richtig gut drauf und hatten viel Spaß zusammen.
Jonas Wie?
Nele Ach, nichts.
Jonas Wart ihr allein oder waren Theas Eltern auch da?
Nele Nein, ihre Eltern hatten Theaterkarten und waren bis um 10 Uhr weg.

1. Gestern war …
2. Jonas war …
3. Er hatte …
4. Seine Mutter war …
5. Die Party war …
6. Thea hatte …
7. Alle hatten viel …
8. Es war …
9. Emily und Julian waren …
10. Theas Eltern hatten
11. Theas Eltern waren …
12. Das Essen und die Musik waren …

b Lies Theas Aussagen und vergleiche mit deinem Super-Geburtstag. Benutze das Präteritum.

Thea sagt:
Mein Geburtstag ist super.
Ich habe viele Gäste.
Das Essen ist gut.
Ich habe gute Musik.
Die Musik ist klasse.
Wir sind in meinem Zimmer.
Meine Eltern sind nicht zu Hause.
Wir haben viel Spaß.

Mein Geburtstag war auch super.

Präteritum von *sein* und *haben*

ich	war	hatte
du	warst	hattest
er/es/sie/man	war	hat
wir	waren	hatten
ihr	wart	hattet
sie/Sie	waren	hatten

55 **c Sprechen üben: emotional sprechen. Hört zu und sprecht nach.**
Sie hatte super Essen und klasse Musik!
Ich hatte total Stress!
Wir hatten echt viel Spaß!
Die beiden waren richtig gut drauf!

d Spielt den Dialog aus 7a oder schreibt einen ähnlichen.

8 Was war gestern, vorgestern, letzte Woche …?

a Würfle zweimal, bilde eine Frage im Präteritum. Deine Partner / Deine Partnerin antwortet.

⚀ gestern	⚁ vorgestern	⚂ letzte Woche	⚃ letzten Monat	⚄ letztes Jahr	⚅ letzten Juli/…
⚀ in der Schule sein	⚁ krank sein	⚂ Ferien haben	⚃ Training haben	⚄ Grippe haben	⚅ im Kino sein

⚀ + ⚅

Warst du gestern im Kino?

Nein, ich war zu Hause.

⚃ + ⚃

Hattest du letzten Monat Training?

Ja, ich hatte jede Woche Training.

b Schreibt je drei Fragen über die Vergangenheit.
Bildet zwei Gruppen.
Einer/Eine liest die Fragen vor. Welche Gruppe kann die meisten Fragen beantworten?

Wann war Ostern?

Im April.

Wann hatten wir Sommerferien?

Wann hatte … Geburtstag?

Hatten wir gestern Bio?

Nein, wir hatten vorgestern Bio.

Wer war letztes Jahr Mathelehrer?

9 Gestern ist schon lange her

56 Hör das Lied. Wo passen die Fotos?

Refrain:
Gestern war gestern,
ist heute nicht mehr.
Gestern war gestern,
ist schon lange her.

Strophe:
Gestern war ich noch froh.
Gestern hatte ich Spaß.
Heute spüre ich so sehr,
dass gestern nie Wirklichkeit war.

Gestern warst du noch bei mir.
Gestern warst du noch nett,
doch dann haben wir gestritten,
plötzlich warst du einfach weg
…

Jemanden einladen

Ich mache am Samstag eine Party. Kommst du?
Sie beginnt um 7 Uhr und geht bis 11.

Glückwünsche aussprechen

Alles Gute zum Geburtstag!
Herzlichen Glückwunsch zum Geburtstag!

Alles Liebe! Mach weiter so.
Viel Glück!

Eine Party planen

Wann und wo wollen wir die Party machen?
Was für Musik wollen wir spielen?
Was gibt es zu essen?
Wer besorgt die Getränke?

Ich bin für Samstag.
Leo hat super Musik. Der hat fast nur Hip-Hop.
Ich kann einen Kartoffelsalat machen.
Das mache ich.

Über eine Party sprechen

Gestern war die Party von Thea.
Stefan und Beate waren richtig gut drauf.
Das Essen und die Musik waren cool.

Sie hatte super Essen.
Wir hatten viel Spaß.

Über die Vergangenheit sprechen

Wo warst du (denn) gestern / am Mittwoch?
Hattest du letzten Montag Training?

Ich war im Kino. / Ich hatte keine Zeit.
Ja. / Nein, ich war krank / hatte Grippe.

Außerdem kannst du …

… einen Text über einen Geburtstag in Deutschland verstehen.
… einen Liedtext verstehen.

Grammatik — kurz und bündig

Satzverbindungen: *deshalb*

		Position 2			Ende
Ich muss nicht lernen,	**deshalb**	kann	ich	Computer	spielen.
	ich	kann	**deshalb**	Computer	spielen.

Das Subjekt steht entweder direkt vor oder nach dem konjugierten Verb.

Präteritum von *sein* und *haben*

ich	war	hatte
du	warst	hattest
er/es/sie/man	war	hatte
wir	waren	hatten
ihr	wart	hattet
sie/Sie	waren	hatten

Was für + indefiniter Artikel

Was für einen/ein/eine/– ?

Zeitangaben

vorgestern – gestern – heute – morgen …

Akkusativ	*in* + Dativ
letzte Woche	in der letzten Woche
letzten Monat	im letzten Monat
letztes Jahr	im letzten Jahr

Heute habe ich Training.
Letzte Woche war ich krank.
Letzten Monat hatten wir Ferien.
Letztes Jahr waren wir in Österreich.

13

Meine Stadt

Das lernst du

- Über deine Stadt sprechen
- Deinen Schulweg beschreiben
- Wegbeschreibungen formulieren und verstehen
- Über die Vergangenheit sprechen

i Frankfurt liegt im Zentrum Europas und ist nach Berlin, Hamburg, München und Köln die fünftgrößte Stadt in Deutschland. Frankfurt hat einen großen internationalen Flughafen und es finden hier viele Messen statt, z. B. die Automobilmesse und die Buchmesse. Über 400 große Banken haben hier ihren Sitz. Die Stadt ist auch der Geburtsort des Dichters Johann Wolfgang von Goethe. Er ist 1749 hier geboren.

Sieh dir das Foto an und lies den Text. Welche Informationen findest du zu den folgenden Wörtern und Zahlen:

fünftgrößte, Flughafen, 400, 1749?

Hör zu und suche die Wörter auf dem Foto. 57

1 Frankfurt

58 **Hör und entscheide.**
Richtig (R) oder falsch (F)?

1. In den Hochhäusern kann man wohnen.
2. In den Hochhäusern sind Büros von Firmen und Banken.
3. Ein Hochhaus ist 295 Meter hoch.
4. Frankfurt hat keine historische Altstadt.
5. Die Paulskirche ist modern.
6. Das Rathaus in Frankfurt heißt der „Römer".
7. Auf der anderen Seite vom Fluss ist eine andere Stadt.
8. Das Filmmuseum ist auf der anderen Seite vom Fluss.
9. Der Fluss in Frankfurt heißt Rhein.

2 Blick aus dem Fenster zu Hause / in der Schule

a Was siehst du?

es gibt + Akkusativ
In Frankfurt gibt es ein**en** Fluss.

Bei uns in … gibt es einen Fluss, aber man kann ihn von hier aus dem Fenster nicht sehen.

Es gibt einige Autos. Manchmal fährt eine Straßenbahn oder ein Bus.

Man sieht viele Häuser. Die Häuer sind alt.

v **b Mach eine Präsentation zu deiner Stadt oder deinem Dorf.**

Hier sieht man die Kirche. Sie ist …

Bei uns gibt es eine Fabrik. Sie heißt …

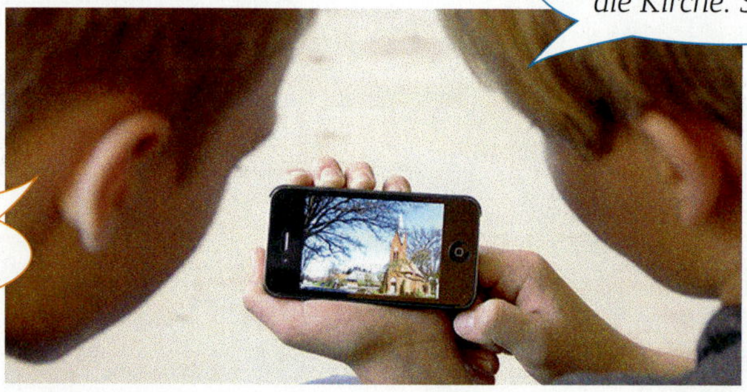

Das ist mein Dorf. Es heißt …

3 Phonetik: Ich-Laut und Ach-Laut

59 **a Ich-Laut – Sprich ein „jjjj" und flüstere ohne Stimme „ch". Hör zu und sprich nach.**
Ich möchte nicht, möchtest du vielleicht?
Die Kirche ist gleich hier rechts.

60 **b Ach-Laut – Hör zu und sprich nach.**
Ein Hochhaus bei Nacht.
Er braucht ein Buch über Aachen.

c Ergänze die Regel im *Denk nach*.

Denk nach
Nach *a*, *o*, … und *au* spricht man den Ach-Laut:
lachen, hoch, suchen, auch.

4 Wohnorte: Louisa und Adrian erzählen

a Lies die Texte und ordne die Bilder den Texten zu.

Louisa Nunes

Da rechts in dem Haus wohnen wir, im 2. Stock, das 2. Fenster von links, das ist mein Zimmer. Ich wohne gerne in Frankfurt. Hier ist immer was los und man kann toll shoppen gehen. Ich gehe auch gerne ins Filmmuseum, das ist am Main. Ich gehe in die Ernst-Reuter-Schule. Ich brauche morgens ungefähr 25 Minuten. Zuerst muss ich zur Haltestelle laufen, dann nehme ich den Bus und fahre drei Stationen, dann noch zwei Stationen mit der U-Bahn und zum Schluss muss ich noch fünf Minuten zu Fuß zur Schule gehen. In der U-Bahn treffe ich meistens meine beste Freundin.

Adrian Becker

Ich wohne mit meinen Eltern in einem Reihenhaus. Wir haben einen Garten hinter dem Haus, aber er ist sehr klein. Nachmittags fahre ich gerne in die Stadt, ins Zentrum. An der Hauptwache treffe ich meine Freunde und wir fahren Skateboard. Meine Schule ist die Lessing-Schule. Sie ist ganz in der Nähe. Ich kann mit dem Fahrrad fahren, aber im Winter fahre ich mit dem Bus 3 Stationen, und dann muss ich noch ein paar Minuten zu Fuß gehen.

b Lies noch einmal. Was ist richtig (R), was ist falsch (F)?

1. Louisa mag Frankfurt.
2. Sie geht gerne einkaufen.
3. Sie geht immer alleine zur Schule.

1. Adrian wohnt in einem Haus mit Garten.
2. Er fährt manchmal mit dem Skateboard zur Schule.
3. Er braucht lange bis zur Schule.

c Lies noch einmal und ergänze *Denk nach*.

Denk nach

mit + **Dativ**
mit dem (Schul-)Bus fahren
mit d... Fahrrad fahren
mit d... U-Bahn fahren
! zu Fuß gehen

5 Mein Schulweg

Beschreib deinen Schulweg.

Ich brauche … Minuten (bis) zur Schule.
Ich fahre meistens/immer mit …
Zuerst …, dann …, zum Schluss …
Im Sommer fahre ich … Im Winter …
Mein Vater bringt mich zur Schule. Wir fahren …
Ich gehe …

61
6 Fremd in der Stadt

a Hör zu, lies mit. Wohin möchte Jasmin?

die 1. (erste) Straße
die 2. (zweite) Straße
die 3. (dritte) Straße

- Entschuldigung, wie komme ich zur …?
- Das ist ganz einfach. Geh hier geradeaus. Dann gehst du die zweite Straße rechts und dann die erste Straße links. An der Ecke ist ein Hotel und neben dem Hotel ist …
- Also, hier geradeaus, dann die zweite rechts und dann links.
- Genau.
- Danke schön!

62–63 **b** Hör zu und betrachte den Stadtplan. Wo sind die Leute? Wohin wollen sie? Zeig den Weg.

7 Sprechen üben: wichtige Wörter betonen

64 **Hör zu und sprich nach.**

Supermarkt?	zum Supermarkt?	Wie komme ich zum Supermarkt?
geradeaus.	die Straße geradeaus.	Du gehst die Straße geradeaus.
rechts.	die erste Straße rechts.	Geh die erste Straße rechts.
links.	die zweite Straße links.	Dann gehst du die zweite Straße links.
der Supermarkt.	ist der Supermarkt.	Auf der linken Seite ist der Supermarkt.

8 Wie komme ich zum Bahnhof?

a Präposition mit Dativ – Lerne den Merkspruch.

Tipp

b Ergänze die Dativformen.

- Wo ist die Post?
- In der Nähe v… Bahnhof.
- Wie komme ich zu… Bahnhof?

- Wo bist du in den Ferien?
- Bei d… Oma von Nele.
- Und wie fährst du zu… Oma?
- Mit d… Zug.

Denk nach

Präposition + Artikel im Dativ.

zu dem = zum	zu der = zur
bei dem = …	bei der
von dem = …	von der

c Am Bahnhof – Spielt Dialoge mit dem Stadtplan in Aufgabe 6.

- Wie komme ich zur Post? / zum Museum? / …
- Das ist ganz einfach.
  Geh hier die Straße rechts/links/geradeaus.
  Dann …
  Da ist …

auf der linken Seite ist …
auf der rechten Seite …
links/rechts neben der Post ist …

d Eine/r beschreibt einen Weg von eurer Schule zu einem Ort in eurer Stadt. Die anderen raten.

9 Ein Wochenende in Frankfurt

Lies das Blog. Ordne die Fotos in der richtigen Reihenfolge. Was meint ihr: Wo haben die Mädchen die Tüte verloren?

Schüler-Blog | +Kommentar | Suchen | ⇨ Startseite

Hallo aus Frankfurt!

Uns geht es gut! Wir haben schon total viel gemacht. Gestern waren wir mit der Tante von Alina auf dem Maintower. Der ist 198 m hoch. Wir hatten einen super Blick über Frankfurt bei Nacht. Wir haben im Restaurant auf dem Maintower gegessen. Es war super!

Morgens haben wir zuerst eine Stadtbesichtigung gemacht. Wir haben den Römer – das ist das Rathaus von Frankfurt – gesehen. Dann waren wir in der Börse. Clara hat Fotos gemacht.

Mittags waren wir auf der „Zeil". Das ist eine große Einkaufsstraße, da gibt es viele Geschäfte. Clara hat Kopfhörer gekauft. Ich habe ein tolles Kleid gesehen, aber das war zu teuer: 129 €! Schade! Ich habe ein T-Shirt gekauft. Das sieht auch cool aus. Nachmittags waren wir im Goethehaus und im Filmmuseum. Dort haben wir Erik getroffen. Er kommt aus Hamburg und ist echt süß (sagt Clara). Zum Schluss waren wir noch mit Erik auf dem Weihnachtsmarkt. Alina hat ein Lebkuchenherz gekauft. Sie hat die Hälfte Erik gegeben . Wir hatten wirklich viel Spaß.

Bis bald! Alina und Clara

PS: Katastrophe : Wir haben unsere Tüte verloren! Das T-Shirt und die Kopfhörer sind weg!

A

B

C

D

E

F

10 Über die Vergangenheit sprechen

a Wiederholung: Präteritum – Such alle Sätze mit *war* und *hatte* aus dem Blog-Text und lies vor.

Gestern waren wir auf dem Maintower.

b Perfekt – Diese Formen heißen Partizip. Wie heißt der Infinitiv?

gegessen
gekauft
gesehen
gemacht
gegeben
verloren

essen, gegessen

Denk nach

Gegenwart: Präsens	Vergangenheit: Perfekt
Heute kaufe ich eine Hose.	Gestern **habe** ich ein T-Shirt **gekauft**.
Heute esse ich zu Hause.	Gestern … ich im Restaurant …
Heute mache ich nichts.	Gestern … ich viel …

Die meisten Verben bilden das Perfekt mit *haben* + Partizip.

c Ergänze das *Denk nach* und mach eine Tabelle mit Perfektsätzen aus dem Brief.

	Position 2		Ende: Partizip
Wir	haben	schon total viel	gemacht.
Dann	haben	wir im Restaurant	…

essen, er isst, er hat gegessen

11 Verloren und gefunden

65 **a** Ergänze die Partizipien bei 1–6.

gefunden – gekauft – gehabt – gesehen – verloren – verloren

- ● Guck mal, da ist ja Erik!
- ■ Oh, ja. Er hat einen Hund. Der ist ja süß.
- ● Erik oder der Hund?
- ■ Ach komm! Hi, Erik.
- ▶ Oh, hallo, Clara, hallo, Alina. Wie geht's?
- ■ Na ja, nicht so gut. Wir haben ein Problem. Wir haben gestern unsere Tüte mit dem T-Shirt und dem Kopfhörer ①. Und wir wissen nicht, wo.
- ● Eine rote Tüte? Die habe ich ②, im Filmmuseum war sie am Tisch im Filmcafé.
- ■ Wirklich? Dann haben wir eine Chance, schnell zum Filmmuseum.

66
- ● Guten Tag, wir waren gestern hier im Museum und haben eine Tüte ③. Haben Sie die Tüte ④?
- ▲ Und was ist in der Tüte?
- ■ Ein T-Shirt und Kopfhörer. Die haben wir gestern neu ⑤.
- ▲ Da habt ihr Glück ⑥. Hier ist sie. Sie war im Filmcafé.
- ■ Gott sei Dank! Danke schön.
- ● Vielen Dank, du bist echt nett. Möchtest du ein Eis essen? Wir laden dich ein.
- ▶ …

b Wie geht es weiter? Schreibt den Dialog weiter und spielt die Szenen.

Über deine Stadt sprechen
Man kann viele Häuser sehen. Man kann zwei Straßen sehen.
Bei uns gibt es einen Fluss, aber man kann ihn auf dem Foto nicht sehen.
Das Foto zeigt unser Rathaus..

Deinen Schulweg beschreiben
Ich brauche 20 Minuten bis zur Schule.
Ich laufe zuerst zur U-Bahn. Da treffe ich meine Freundin.
Dann fahren wir drei Stationen und zum Schluss müssen wir noch einmal 5 Minuten zu Fuß gehen.

Wegbeschreibungen formulieren und verstehen
Entschuldigung, wie komme ich zum Bahnhof?

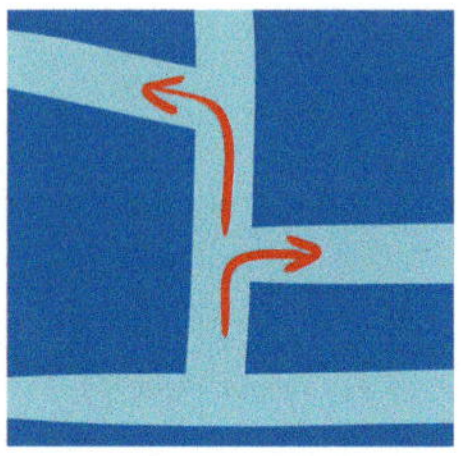

Geh / Gehen Sie hier geradeaus und die erste Straße rechts.
Auf der linken Seite siehst du/sehen Sie den Bahnhof.

Über die Vergangenheit sprechen
Gestern war ich in Frankfurt. Ich habe das Goethehaus gesehen und dann habe ich ein Kleid gekauft. Wir waren auch auf dem Maintower. Da hatten wir einen tollen Blick über Frankfurt. Abends haben wir in einem Restaurant gegessen.

Außerdem kannst du …
… eine Präsentation über deine Stadt machen.
… eine Stadtbeschreibung verstehen.

Grammatik — kurz und bündig

Präpositionen mit Dativ

Ich bin schon **seit dem** Wochenende in Frankfurt.
Ich wohne **bei der** Oma von Nele.
Meine Cousine kommt erst um 13 Uhr **aus der** Schule.
Nach dem Frühstück gehe ich shoppen.
Ich möchte **mit der** U-Bahn fahren.
Wie komme ich **zur** U-Bahn?

bei de**m** = bei**m**
von de**m** = vo**m**
zu de**m** = zu**m**
zu de**r** = zu**r**

es gibt + Akkusativ

Bei und **gibt es** einen Supermarkt, ein Kaufhaus und eine Post.

Perfekt – Satzstellung

	Position 2: *haben* (konjugiert)		Ende: Partizip
Ich	habe	in Frankfurt Sportschuhe	gekauft.
Lea	hat	ein Kleid	gesehen.
	Habt	ihr eine Stadtrundfahrt	gemacht?
Wir	haben	unsere Tüte	verloren.
Ich	habe	die Tüte	gesehen.

Ferien

Das lernst du

- Über Ferienpläne sprechen und eine Reise planen
- Pro- und Kontra-Argumente formulieren
- Über die Vergangenheit sprechen
- Eine Ferienpostkarte schreiben

A In Jugendherbergen oder Hostels können Jugendliche und auch Familien günstig übernachten. Es gibt sie überall in Deutschland, Österreich und der Schweiz.

B Viele Deutsche fahren im Urlaub nach Süden. Sie fliegen z. B. nach Spanien. Sie wollen in den Ferien Sonne, Meer und Strand haben.

C In Deutschland, Österreich und der Schweiz kann man gut mit dem Zug fahren.

D Deutsch lernen und dabei Kinder und Jugendliche aus aller Welt treffen, Spaß haben und Kultur erleben mit einem vielfältigen Freizeitprogramm – das alles bietet das Goethe-Institut in seinen Ferienkursen.

E Viele Jugendliche bleiben in den Ferien zu Hause. Sie gehen ins Schwimmbad oder ins Kino und treffen Freunde. Manche Jugendliche fahren zu ihren Großeltern und machen dort Ferien.

Lies die Texte und ordne die Bilder zu.

Hör zu. Zu welchen Bildern passen die Aussagen 1–5?

Hör noch einmal und mach Notizen. Sammelt die Informationen in der Klasse. 67–71

1 Ferien machen

a Lies den Text und 1–5. Was ist richtig (R) und was ist falsch (F)?

Die Deutschen, Österreicher und Schweizer reisen sehr gerne. Von den Deutschen machen 70 % mindestens einmal im Jahr eine Reise von fünf Tagen oder mehr. Sie reisen am liebsten in Deutschland an die Ostsee, Nordsee oder in die Alpen. Fast genauso beliebt sind Südeuropa (Spanien, Italien, Portugal), die Türkei und Nordafrika. Auch Reisen nach Österreich, Frankreich oder Skandinavien sind sehr beliebt. Die Österreicher machen am liebsten in Südeuropa Urlaub (über 40 %) oder in Österreich (32 %). Die liebsten Reiseländer der Schweizer sind Frankreich, Italien und Deutschland.

1. Viele Deutsche machen keinen Urlaub.
2. Die Deutschen reisen auch gerne in Deutschland.
3. Die Deutschen fahren nicht so gern nach Österreich.
4. Die Österreicher fahren gerne in den Süden oder sie bleiben in Österreich.
5. Die Schweizer mögen Urlaub in Deutschland nicht.

b Wie ist das in eurem Land? In welche Länder, Regionen, Städte fahren viele Leute?

Bei uns fahren viele Leute nach Portugal.

Sie machen am liebsten Urlaub in den USA, in Miami.

2 Interviews: Was machst du in den Ferien?

Fragt in der Klasse. Macht Notizen und berichtet.

1. Fährst du in Urlaub?
2. Wohin fährst du?
3. Wie lange fährst du weg?
4. Fährst du mit deinen Eltern?
5. Wo übernachtest du?
6. Was machst du gerne in den Ferien?

...

Nein, ich bleibe zu Hause. / Ja, ich fahre ...
Ich besuche meine ...
Ein paar Tage. / Zwei Wochen.
Ich übernachte in der Jugendherberge / im Hotel / auf dem Campingplatz / bei meinen Großeltern.
Am liebsten ...

Ich fahre
- nach Köln. (Städte)
- nach Portugal. (Länder)
- in die USA / in die Türkei.
- ans Meer.
- in die Berge.
- aufs Land.
- an den See.

3 Reisegepäck

a Welche Wörter kennt ihr? Schlagt die unbekannten Wörter im Wörterbuch nach.

die Jacke	die Schuhe (Pl.)	der Bikini
die Jeans	die Socken (Pl.)	der Mantel
die Hose	das T-Shirt	der Pullover
die Zahnbürste	das Kleid	der Schlafsack
die Badehose	das Tablet	der Kamm
die Videokamera	das Smartphone	der Pass / der Ausweis

b Malt Bilder zu den Wörtern. Die anderen raten.

c Was wollt ihr noch mitnehmen? Macht eine Liste in der Klasse.

d Kofferpacken – Spielt zu viert. Wer hat das beste Gedächtnis und kann am meisten mitnehmen?

Projekt

Fantasiereise – Plant eine Reise mit vier bis sechs Stationen.
Macht eine Präsentation: Plakat, Power-Point …

Wohin?
Wer kommt mit?
Wie reist ihr?
Wo übernachtet ihr?
Was wollt ihr machen?
Was nehmt ihr mit?

Wir fliegen mit dem Flugzeug / fahren mit dem Zug / Bus …
Wir übernachten in der Jugenherberge / auf dem Campingplatz / im Hotel.
Wir wollen … und …

Am Montag fliegen wir nach Berlin. Wir schauen das Brandenburger Tor an und besuchen den Zoo. Wir fotografieren viel und gehen shoppen.

Im Koffer haben wir Kleidung, eine Kamera und ein Tablet.

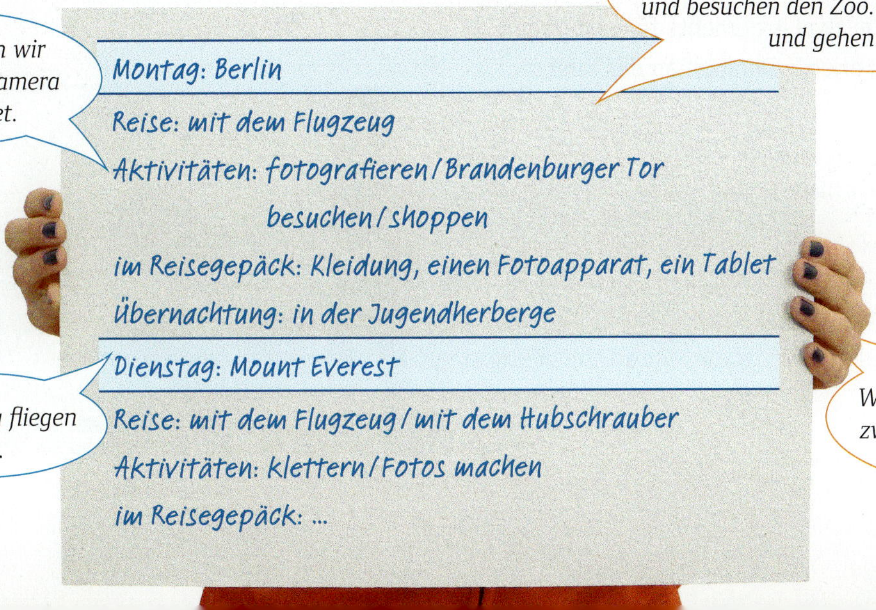

Am Dienstag fliegen wir …

Wir sind zwei Mädchen und zwei Jungen: Mateo, Beate, Eike und Ina.

4 Deutschlernen in den Ferien

72 **a** Hör zu. Worüber sprechen Paul und Lia?

b Welche Aussagen passen zum Gespräch von Lia und Paul?

1. Pauls Bruder war zum Deutschlernen in Deutschland.
2. Der Kurs war in Norddeutschland.
3. Lia findet Deutschlernen in den Ferien super.
4. Man hat Unterricht, aber es gibt auch Freizeitaktivitäten.
5. In der Freizeit geht man immer ins Museum.
6. Lia findet das Freizeitprogramm nicht schlecht.
7. Paul will auch einen Kurs machen.

c Schreibt die anderen Aussagen neu.

d Lies das Kursprogramm. Wie findest du es?

Jugendkurs A2 Wochenprogramm: Montag bis Freitag

7.30 Uhr Wecken
8.15 Uhr Frühstück

18.30 Uhr Abendessen
19.30 Uhr Abendprogramm (Disco)
22.30 Uhr Nachtruhe

9.00–10.30 Uhr	Unterricht
10.30–11.00 Uhr	Pause, Zwischenmahlzeit
11.00–12.30 Uhr	Unterricht
12.30–13.30 Uhr	Mittagessen
14.30–17.30 Uhr	Unterricht (Mo., Mi., Fr.)

14.30–17.30 Uhr Freizeitprogramm (Di., Do.)

Samstag: Für den Ausflug nach Stuttgart BITTE bis Dienstag ANMELDEN!

Ich finde das Programm gut, denn ich möchte …

Es gibt zu viel …

Ich finde, es gibt zu wenig …

In den Ferien möchte ich nicht …

Ich finde das Programm ganz gut, aber …

5 Debatte – Pro und kontra: „Lernen in den Ferien"

Notiert zu dritt je zwei Argumente für und gegen „Lernen in den Ferien". Sammelt an der Tafel.

Lernen in den Ferien? Das ist doch verrückt! Oder?

6 Der Tagesausflug

a Lest den Text und notiert die Aktivitäten der Jugendlichen.

Kurstagebuch | Ältere Einträge | Suchen | ⇨ Startseite

Unser Ausflug nach Stuttgart

Inzwischen ist viel passiert. Wir haben am Samstag einen Ausflug gemacht. Wir sind nach Stuttgart gefahren. Wir haben viel gesehen. Wir haben die Wilhelma besucht und sind ins Mercedes-Benz-Museum gegangen. Die Wilhelma ist ein Zoo und ein Park. Im Zoo gibt es ein Affenhaus. Dort haben wir auch ein Bonobo-Baby gesehen. Total süß! Dann waren wir im Mercedes-Benz-Museum. Dort gibt es viele schöne Autos. Wir haben neue Autos und sehr alte Autos gesehen. Es gibt auch einen Museumsshop.

Dort haben wir kleine Autos und viele Sachen von Mercedes-Benz gekauft. Ich finde das Museum toll. Dann ist eine Gruppe in ein Kunstmuseum gegangen, eine andere Gruppe hat eine Stadtrallye gemacht und einige Schüler waren beim Fußball. Der VfB Stuttgart hat gegen den 1. FC Nürnberg gespielt. Stuttgart hat gewonnen.

(Regin Özer, Ankara, Türkei)

Mercedes-Benz-Museum

Fußballspiel VfB-Stuttgart

Wilhelma

b Sucht im Text alle Partizipien, schreibt Lernkarten und fragt euch gegenseitig ab.

gehen – *er/sie geht* – *er/sie ist gegangen*

Tipp

Schreibt Lernkarten und übt in Gruppen.

fahren
er/sie fährt
er/sie ist gefahren
Er ist nach Berlin gefahren.

c Berichtet die wichtigsten Informationen aus Regins Text oder berichtet von einem Ausflug von euch.

Regin hat mit dem Deutschkurs einen Ausflug nach Stuttgart gemacht. Die Gruppe hat …

Ausflug: Stuttgart
– …
– …

7 Phonetik: *ng*

73 **a** Hör zu und sprich nach. Man hört *ng* als einen Laut.

gehen – gegangen   singen – gesungen   hängen – gehangen

b Fragt und antwortet. Achtet auf das *ng*.

Wohin bist du am Montag gegangen?

Ich bin in die Schule gegangen.

Wohin bist du am Dienstag gegangen?

ins Kino / ins Schwimmbad …
in die Disco / in die Stadt …
shoppen / schwimmen …
zu Hannah / zu Peter …
zum Fußball / zum Basketball …

8 Positionsveränderung oder nicht: *sein* oder *haben*?

a Lies das Beispiel und ergänze das *Denk nach*.

Wir sind in ein Museum gegangen.

A  B (Museum)

> **Denk nach**
>
> Die meisten Verben bilden das Perfekt mit *haben*.
>
> Verben mit Positionsveränderung (A → B), z. B. *gehen*, *fahren*, bilden das Perfekt mit …

b Lies 1–8. Wo gibt es eine Positionsveränderung? Schreib die Sätze im Perfekt.

1. Till – nach Basel – fahren
2. Felix – nach Spanien – fliegen
3. Mara – viele Bücher – lesen
4. Silke – ins Kino – gehen
5. Ron – in der Schweiz – Ferien machen
6. Justin und Kevin – in den Ferien – viel schlafen
7. Sarah und Anne – spät nach Hause kommen
8. Vanessa – ein T-Shirt – kaufen

1. Till ist nach Basel gefahren.

9 Sprechen üben – lange Sätze machen

74 **a Hör zu und sprich nach.**

1

Ich bin gegangen.
Ich bin ins Kino gegangen.
Ich bin mit meiner Freundin ins Kino gegangen.
Ich bin gestern Abend mit meiner Freundin ins Kino gegangen.

2

Ich habe gespielt.
– Karten
– zwei Stunden
– mit meiner Schwester
– gestern

3

Ich bin geflogen.
– nach China
– allein
– in den Ferien

b Macht eigene lange Sätze und übt sie.

gehen, fahren, lesen, lernen, arbeiten

10 Was hast du vorgestern gemacht?

a Ordne die Zeitangaben.

letztes Jahr • gestern • heute • letztes Wochenende • letzte Woche • vorgestern • letzten Monat

Vergangenheit ⟶ *heute*

letztes Jahr –…

b Was hast du gemacht? Schreib über dich. Benutze die Verben aus der Liste.
Du findest die unregelmäßigen Verbformen in der Liste auf Seite 78–79.

kaufen, lernen, arbeiten, spielen, hören, essen, trinken, gehen, sprechen, lesen, schreiben, schlafen

Am letzten Wochenende habe ich Mathe gelernt.

c Lies deine Sätze alle vor.
Wie viele kann dein Partner / deine Partnerin wiederholen?

Am letzten Wochenende hast du Mathe gelernt. Letzte Woche hast du …

11 Ferienpostkarten

a Zu welcher Ferienpostkarte passt der Text?

12. Juli

Lieber Chris, liebe Katia,
wir sind seit gestern um 10 Uhr in Wien. Wir sind zuerst in die Jugendherberge gegangen. Es hat geregnet und wir waren total traurig. Aber heute scheint die Sonne. Wir haben um 8 Uhr gefrühstückt und sind schon seit 9 Uhr unterwegs. Um 10 Uhr haben wir eine Stadtrundfahrt gemacht. Super, die Hofburg, der Stephansdom ... Dann sind wir zum Prater gegangen und Riesenrad gefahren. Nein, falsch: Vorher haben wir Sachertorte gegessen. SEHR LECKER.
Morgen fahren wir nach München.
Liebe Grüße und bis bald!
Merle & Zelika

Chris und Katia Benn
Hafenstraße 12
20359 Hamburg
Deutschland

b Von der Idee zum Text – Bring die Aussagen im Tipp in die richtige Reihenfolge.

c Wähle Aufgabe A oder B aus.

1. Wörter sammeln
2.

A Nimm ein Postkartenmotiv von oben und schreib eine Postkarte.

B Schreib eine Postkarte aus deinem Ort an einen Freund oder eine Freundin.

Tipp
- Text korrigieren (groß/klein, Position 2, Präsens/Perfekt)
- Wörter ordnen
- Text schreiben (Anrede und Gruß nicht vergessen)
- Wörter sammeln

Über Ferienpläne sprechen und eine Reise planen

Fährst du weg? / Fährst du in Urlaub?	Ja, ich fahre nach … / Nein, ich bleibe zu Hause.
Fährst du mit deinen Eltern?	Nein, ich fahre mit Freunden.
Wohin fährst du?	Ich fahre nach Spanien / ans Meer / aufs Land …
	Ich besuche meine Tante.
Wie lange fährst du weg?	Zwei Wochen.
Wo übernachtest du?	In der Jugendherberge. / Auf dem Campingplatz.

Pro- und Kontra-Argumente formulieren

Deutschlernen in Deutschland macht Spaß.	Ich will in den Ferien nicht arbeiten.
Man lernt und man trifft Leute.	Wir können nicht immer lernen.

Über die Vergangenheit sprechen

Ich bin ins Kino gegangen.
Wir haben eine Stadtrundfahrt gemacht.
Wir haben die Wilhelma besucht.

Außerdem kannst du …

… Äußerungen zu Ferienaktivitäten verstehen.
… einen Text über Ferienaktivitäten verstehen.
… eine Ferienpostkarte schreiben.

Grammatik kurz und bündig

Verbformen: Partizip

kaufen	er/sie hat **ge**kauf**t**
sehen	er/sie hat **ge**seh**en**
fahren	er/sie ist **ge**fahr**en**

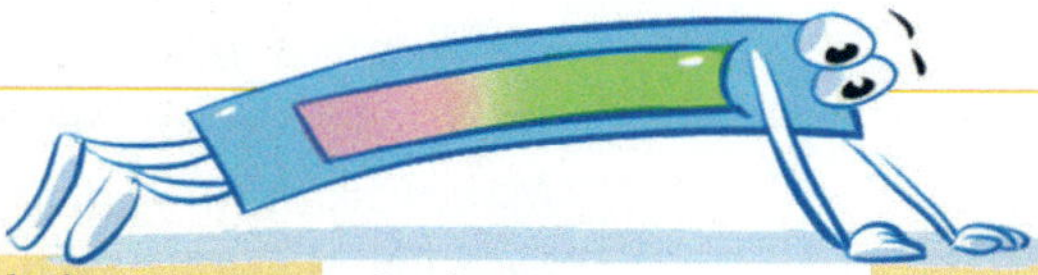

Perfekt mit *sein* oder *haben*

Die meisten Verben bilden das Perfekt mit *haben*.

Verben mit Positionsveränderung bilden das Perfekt mit *sein*.

Ich	habe	Sachertorte	gegessen.
Wir	haben	eine Reise	gemacht.
Ich	bin	nach Wien	gefahren.
Er	ist	nicht nach Hause	gekommen.

A

Wir sind von A nach B gefahren.

Verben mit *sein* sind z. B.:
gehen, kommen, fahren, fliegen, laufen …

! Auch Perfekt mit *sein*: bleiben, passieren, sein

Die Nervensäge – Teil 2

75 **a** Lies und hör den Comic.

b Spielt und variiert die Szene.

Sprechen

Wie gut könnt ihr argumentieren? Hier sind zwei Themen.

Fast Food (Hamburger, Pommes …)

Haustier (Hund, Katze, Hamster …)

a Macht eine Tabelle im Heft und ordnet die Argumente.

Manchmal habe ich nicht viel Zeit.
Fast Food kann man schnell essen.
Es ist ein Freund. Man ist nicht allein.
Es ist nicht so teuer.
Man muss mit ihm spazieren gehen.
Es schmeckt gut.
Es ist ungesund.
Es ist „in".
Es ist teuer.

Meine Freunde essen es auch oft.
Man muss es sauber machen.
Man muss ihm zu Essen geben.
Es macht dick.
Es ist lustig.
Man kann mit ihm spielen.
Schnell essen ist ungesund.
Man muss mit ihm zum Arzt gehen.

Thema „Fast Food"

Pro	Kontra

Thema „Haustier"

Pro	Kontra

b Könnt ihr weitere Argumente finden? Sammelt in der Klasse.

76 **c** Thema „Fast Food" – Hört zu und spielt die Diskussion nach.

d Thema „Haustier" – Arbeitet in zwei Gruppen. Eine Gruppe formuliert Pro-Argumente, eine Gruppe formuliert Kontra-Argumente. Spielt die Diskussion.

Spielen und wiederholen.

Spielt zu viert. Würfelt und geht von Start bis zum Ziel und löst die Aufgaben. Nicht gelöst? Dann müsst ihr wieder zurückgehen. Wer zuerst am Ziel ist, gewinnt.

Start

1 Was hast du in den Winterferien gemacht?

2 Was trinkst du am liebsten?

3 Stimmt das? In Deutschland isst man gern Kartoffeln.

4 Beschreibe deinen Tagesablauf am Sonntag. 3 Sätze

5 Du fährst in den Ferien ans Meer. 4 Sachen im Reisegepäck.

6 Was musst du oft / manchmal / fast nie / nie zu Hause tun? 3 Sätze.

7 Wie ist das Perfekt von: gehen, verlieren, fliegen?

8 Stimmt das? Die „Sachertorte“ kommt aus der Schweiz.

9 Ergänze: Das Poster h…t a… d… Wand.

10 Wo kann man in Deutschland billig übernachten?

11 Was hast du in den letzten Sommerferien gemacht?

12 Was sagt der Lehrer? 1. … bitte das Buch auf! 2. Peter, … bitte an die Tafel!

13 Wie heißt der Satz? Ich hatte Grippe, / in Mathe / ich/habe/viele/ deshalb/Fragen.

14 Wo warst du gestern Nachmittag? Was hast du gemacht?

15 Stimmt das? In Österreich sind 8 Wochen Sommerferien. In Deutschland 6 Wochen.

16 Ergänze: 1. … wir ins Kino gehen? 2. …, ich gehe lieber in die Disco.

17 Was machst du heute nach der Schule?

18 Wo sind die Mäuse?

19 Wie kommst du zum Bahnhof, Busbahnhof oder Flughafen?

20 Wie lange musst du Hausaufgaben machen?

21 Welche Körperteile haben wir zweimal? 3 Beispiele

22 Nenne ein Argument *pro* und eins *kontra* „Lernen in den Ferien“.

23 Du suchst die Bibliothek. Was fragst du?

24 Beschreibe: dein wirkliches oder dein ideales Zimmer.

25 Wie ist der Artikel und der Plural von: Kopf, Haar, Fuß, Jacke, Kleid, T-Shirt?

26 Was isst du zum Frühstück und was in der Pause?

27 Was gibt es in deiner Stadt? 5 Dinge

28 Perfekt mit *sein* oder *haben*? gehen, lesen, kommen, besuchen, kaufen, laufen, schlafen, bleiben

29 Stimmt das? Die meisten Verben bilden das Perfekt mit „sein“.

30 Ergänze: Der Papierkorb s…t z… de… Bett und de… Schreibtisch.

31 Was hast du gestern gegessen?

32 Beschreibe dich: Alter, Größe, Haarfarbe, Augenfarbe

33 Wie oft musst du dein Zimmer aufräumen?

34 In den Ferien fährt er … de… Zug … Freiburg und wohnt … de… Großeltern.

35 Ergänze: o…, unten, rechts, l…, in der M…

36 Gratuliere deiner Freundin zum Geburtstag!

37 Ergänze Hast du kein Haustier? …, eine Katze!

38 Verneinung Ich habe Lust ≠ Ich … Ich schwimme gern ≠ Ich …

39 Isst du lieber Kartoffeln oder Reis?

40 Welche Kleidung trägst du gern?

41 Beschreibe deinen Schulweg.

Ziel

42 Wann beginnen deine Sommerferien?

Ein Besuch in der Artistenschule

1 Vor dem Sehen

Zwei von der Video-AG gehen zum Kinder- und Jugendzirkus CABUWAZI.
Was glaubt ihr, sehen sie dort? Sammelt eure Vermutungen.
Gibt es Tiere? Wie oft trainieren die Artisten? Warum machen die Artisten im Zirkus mit?
Wer macht mit?

2 Beim Sehen

Überprüft eure Vermutungen.

3 Nach dem Sehen

Wer möchte in so einem Zirkus mitmachen?
Sammelt Pro- und Kontra-Argumente und diskutiert in der Klasse.

In der Fußgängerzone

1 Vor dem Sehen

Was sagen die Personen auf den Fotos vielleicht? Schreibt Minidialoge.

2 Beim Sehen

a Wie findet Carla die Jacke?
Beschreibe den Weg.

b Wie findet Simon die Jacke?

3 Nach dem Sehen

Merle und Carla sind im Zentrum von Berlin. Welchen Eindruck habt ihr von Berlin? Welche Gemeinsamkeiten und Unterschiede gibt es zwischen Berlin und eurem Wohnort? Diskutiert in eurer Muttersprache.

Mein Handy ist weg!

1 Vor dem Sehen

Habt ihr schon einmal euer Handy verloren? Erzählt.

2 Beim Sehen

Teil 1: Merle ist in Panik. Wie reagiert Carla?
Teil 2: Wo waren Merle und Carla? Wo hat sie das Handy verloren?
Teil 3: Finden sie das Handy?

3 Nach dem Sehen

Ihr habt euer Handy vielleicht in einem Kleidungsgeschäft verloren. Schreibt und spielt einen Telefondialog mit dem Verkäufer / der Verkäuferin.

- Verkäuferin: Kleidershop, mein Name ist Müller.
- ...: Guten Tag, mein Name ist … Ich habe eine Frage. …

Die Party

1 Vor dem Sehen
Simon hat Geburtstag.
Was gehört zu einer guten Party? Macht eine Liste.

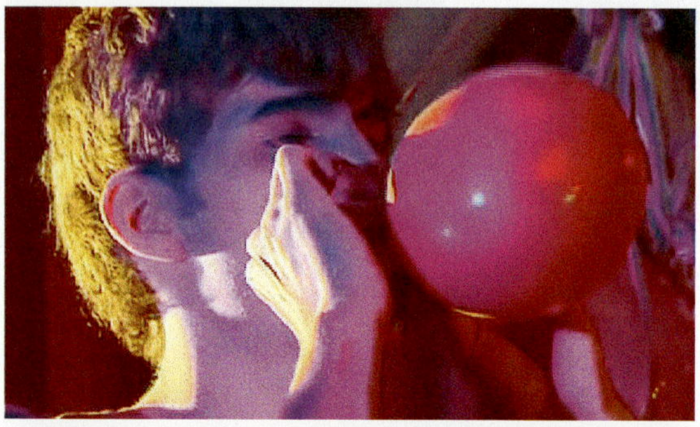

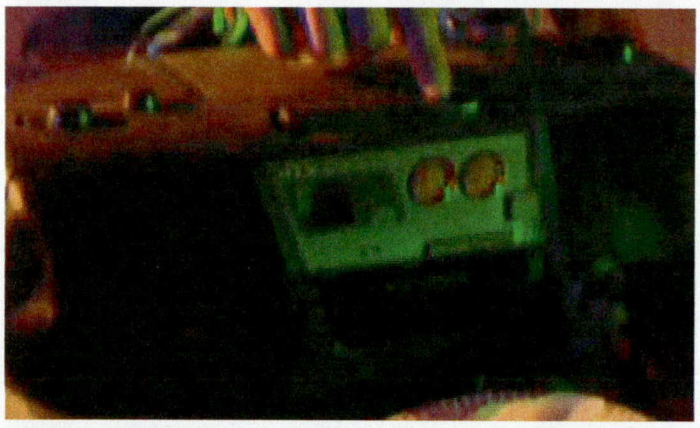

2 Beim Sehen
Vergleicht eure Liste mit der Geburtstagsparty für Simon. Was fehlt, was gibt es noch zusätzlich?
Wie viele Kerzen sind auf dem Geburtstagskuchen?

3 Nach dem Sehen
Unterschiede und Gemeinsamkeiten. Was macht ihr auch, was macht ihr anders, was macht ihr gar nicht?

Feste

1 Vor dem Sehen
Welche deutschen Feste kennt ihr?

2 Beim Sehen
Welche deutschen Feste habt ihr gesehen?

3 Nach dem Sehen
Arbeitet in Gruppen. Macht eine Präsentation mit Bildern und Ton über Feste in eurer Heimat.

Alphabetische Wortliste

Die alphabetische Wortliste enthält alle neuen Wörter von prima plus A1.2 mit Angabe der Einheit, der Aufgabe und der Seite, wo sie zum ersten Mal vorkommen (1/8a/7).
Fett gedruckte Wörter sind der Lernwortschatz. Bei den Nomen stehen der Artikel und die Pluralform (Apfel, "-).
Manche Nomen kommen nicht oder nur selten im Plural vor. Hier steht „nur Sg." Manche Nomen kommen nicht oder nur selten im Singular vor. Hier steht „nur Pl."
Bei Verben mit Vokalwechsel und bei unregelmäßigen Verben steht neben dem Infinitiv auch die 3. Person Sg. Präsens und das Partizip (geben, gibt, gegeben). Bei den trennbaren Verben sind die Präfixe kursiv markiert (*auf*räumen). Ein . oder ein _ unter dem Wort zeigt den Wortakzent: _ langer Vokal oder . kurzer Vokal (Abend, Alpen).
Der Lernwortschatz steht auch auf der Seite „Deine Wörter" im Arbeitsbuch.

A

Abendessen, das, – 9/13
Abendprogramm, das, -e 14/4c/62
Adel, der, nur Sg. KP/34
Affenhaus, das, "-er 14/6a/63
Akrobatik, die, nur Sg. 11/35
aktiv 8/11a/11
Alles Gute! 12/43
Alles Liebe! 12/43
Alpen, die, nur Pl. 14/1a/60
also 10/9/26
Altstadt, die, "-e 13/1/52
Ananas, die, – KP/31
Apfel, der, "- 9/3a/15
Apfelstrudel, der, – 9/4a/16
April, der 10/4a/23
Aquarium, das, Aquarien 8/10a/10
Ärger, der, nur Sg. KP/31
Arm, der, -e 11/35
Art, die, -en 9/1a/14
Aufführung, die, -en 11/3a/37
aufgeregt 12/3/45
***auf*räumen, räumt *auf*, *auf*geräumt 8/9a/10**
Auge, das, -en 11/35
August, der 10/42/23
Ausflug, der, "-e 14/4c/62
*aus*packen, packt *aus*, *aus*gepackt 12/3/45
*aus*räumen, räumt *aus*, *aus*geräumt 8/9a/10
außerdem 12/2/44
aussuchen, sucht aus, ausgesucht 11/11/41
Automobilmesse, die, -n 13/51

B

Badehose, die, -n 14/3a/61
Bahnhof, der, "-e 13/8b/55
bald 10/5a/24
Bank, die, -en 13/51
Bauch, der, "-e 11/35
Beginn, der, nur Sg. 10/1b/22
beginnen, beginnt, begonnen 10/7b/24
bei 13/8b/55
beide 11/3b/37
Bein, das, -e 11/35
beliebt 14/1a/60
bequem 11/11/41
Berg, der, -e 10/8b/25
Bergtour, die, -en 10/8b/25
berühmt 9/7a/17
besichtigen 14/6a/63
besorgen 12/Projekt/47
beste 12/3/45
bestellen KP/32
besuchen 14/2/60
Besucher, der, – KP/34
Bett, das, -en 8/5
bevor KP/31
bewegen KP/34
bieten 14/59
Bikini, der, -s 10/1a/22
Bild, das, -er 8/12b/11
Bildschirm, der, -e 8/12a/11
blaugrün 11/8a/40
bleiben, bleibt, geblieben 12/4a/46
Blick, der, -e 13/9/56
blond 11/8a/40
Blume, die, -n 8/12b/11
Boden, der, "- 8/2a/6
Bohne, die, -n 9/6a/16
Bohnensuppe, die, -n 9/4a/16
Börse, die, -n 13/9/56
Bratwurst, die, "-e 9/9a/18
brauchen 10/9/26
brennen, brennt, gebrannt 12/3/45
Brezel, die, -n 9/7a/17
bringen, bringt, gebracht 12/2/44
Brot, das, -e 9/13
Brötchen, das, – 9/13
Brücke, die, -n 13/51
Buchmesse, die, -n 13/51
bunt 11/39/7d
Büro, das, -s 13/1/52
Butter, die, nur Sg. 9/13

C

Campingplatz 14/Projekt/61
CD, die, -s 12/3/45
Chance, die, -n 13/11a/57
chillen 10/8b/25
Christstollen, der, – 9/7a/17
Clip, der, -s KP/32
Couch, die, -s/-en 8/2a/6

D

dabei 10/2b/23
Dank, der, nur Sg. 13/11a/57
darauf ankommen 10/9/26
dauern 10/9/26
Decke, die, -n 8/2a/6
deshalb 12/3/45
Deutsche, der/die 14/59
Deutschkurs, der, -e 14/6c/63
Dezember, der 10/4a/23
Diabolo, das, nur Sg. 11/3b/37
Dichter, der, – 13/51
dick GP/74
Digitalkamera (Digi), die, -s 12/3/45
Ding, das, -e 12/2/44
Disco, die, -s 10/1c/22
Döner, der, – GP/74
Dorf, das, "-er 13/2b/52
dort 8/5a/8
Drachenbootrennen, das, – 10/1b/22
dran 8/6/8
drauf 12/7a/48
dreimal 10/9/26
dritte 13/6a/54
Durst, der, nur Sg. 9/13
duschen 12/3/45

E

echt 9/7a/17
Ecke, die, -n 13/6a/54
Ei, das, -er 9/4a/16
eigene 11/11/41
eigentlich 12/7a/48
Einkaufsstraße, die, -n 13/9/56

einmal 9/9a/18
Einradfahren, das, nur Sg. 11/3a/37
einst KP/31
Eintritt, der, nur Sg. 10/1b/22
Eis, das, nur Sg. 13/11a/57
Eisstadion, das, Eisstadien 10/1b/22
E-Mail, die, -s 8/8a/9
endlich 10/5a/24
eng 11/7d/39
Entschuldigung, ... 13/6a/54
erarbeiten 11/3a/37
Erdapfel, der, "- 9/7a/17
Erdnuss, die, "-se 12/6a/47
erleben 14/59
erste 13/6a/54
essen, isst, gegessen KP/31
etwa 11/3a/37
Europa 13/51
evangelisch 10/1b/22
extra 10/9/26

F

fahren, fährt, gefahren 14/6a/63
Fahrradtour, die, -en 10/3b/23
fallen, fällt, gefallen KP/32
Farbe, die, -n 8/10a/10
Fast Food, das, nur Sg. GP/74
FC (Fußball Club), der, -s 14/6a/63
Februar, der 10/4a/23
feiern 10/6/24
Fenster, das, – 8/5
Fernseher, der, – 8/12a/11
Fest, das, -e 10/5a/24
Fieber, das, nur Sg. 11/2a/36
Filmcafé, das, -s 13/11a/57
Filmmuseum, das, Filmuseen 13/1/52
finden, findet, gefunden 11/3a/37
Finger, der, – 11/35
Firma, die, Firmen 13/1/52
Fleisch, das, nur Sg. 9/13
Fliege, die, -n KP/31
fliegen, fliegt, geflogen 14/9a/64
Flughafen, der, "- 13/51
Flugzeug, das, -e 14/61
Fluss, der, "-e 13/51
Foto, das, -s 13/9/56
Fotoalbum, das, Fotoalben 12/3/45
Fotoapparat, der, -e 12/5b/46
fotografieren 10/8b/25
Frage, die, -n KP/31
Freibad, das, "-er 10/5a/24
Freizeitaktivität, die, -en 10/1b/22
Freizeitprogramm, das, -e 14/59
Frikadelle, die, -n KP/32
froh 8/10a/10
früh 8/9a/10
Frühling, der, nur Sg. 10/4a/23
Frühstück, das, nur Sg. 9/13
frühstücken 12/3/45
fünftgrößte 13/51
Fuß, der, "-e 11/35
Fußballprofi, der, -s 10/9/26
Fußballtraining, das, -s 10/9/26
füttern 8/9a/10

G

Gabel, die, -n 12/6a47
Garten, der, "- 13/4a/53
Gast, der, "-e 12/2/44
geboren 13/51
Geburtsort, der, -e 13/51
Geburtstagskerze, die, -n 12/3/45
Geburtstagstisch, der, -e 12/3/45
Geburtstagstorte, die, -n 12/2/44
Geduld, die, nur Sg. 12/3/45
gefälligst KP/31
Gegend, die, en 14/59
gehen, geht, gegangen 13/6a/54
gemein KP/31
Gemüse, das, nur Sg. 9/13
Gemüsepfanne, die, -n 9/4a/16
gemütlich 8/7b/9
genauso 14/1a/60
geradeaus 13/6a/54
Gerät, das, -e 8/12b/11
gern, lieber, am liebsten 9/3/15
Geschenk, das, -e 12/2/44
Geschirr, das, nur Sg. 12/3/45
Geschmack, der, "-er 11 5c 38
Gesicht, das, -er KP/31
gestern 12/7a/48
Getränk, das, -e 12/3/45
gewinnen, gewinnt, gewonnen 14/6a/63
Glas, das, "-er 12/6a/47
gleich 9/7a/17
Glück, das, nur Sg. 12/43
Glückwunsch, der, "-e 12/43
Goethe-Institut, das, -e 14/59
goldgelb 11/11/41
Gott sei Dank! 13/11a/57
Gramm, das, – 12/6a/47
gratulieren 12/3/45
Grippe, die, nur Sg. 12/8a/49
groß 13/51
Größe, die, -n 8/12b/11
Gruezi mitenand! 14/11a/65
Gründerin, die, -nen KP/34
gründen KP/34
Gruppe, die, -n 10/1b /22
Gruß, der, "-e 9/8a/18
gucken 12/3/45
günstig 14/59

H

Haar, das, -e 11/35
Haarfarbe, die, -n KP/75
Hamburger, der, – 9/1a/14
Halbjahresinformation, die, -en 10/7a/24
Hälfte, die, -n 13/9/56
Hals, der, "-e 11/2a/36
Halsschmerzen, nur Pl. 11/2a/36
halt 10/1a/22
Haltestelle, die, -n 13/4a/53
Hand, die, "-e 11/35
Handstand, der, nur Sg. 11/3b/37
hängen, hängt, gehangen 8/2a/6
hassen 8/10a/10
hässlich 11/5c/38
Hau ab! 10/1b/22
Hauptsache, die, -n 11/11/41
Hauptwache 13 4a 53
Haus, das, "-er KP/34
Heft, das, -e 8/2a/6
hell 8/7b/9
Hemd, das, -en 11/35
her 12/9/49
Herbst, der, nur Sg. 10/4a/23
Herbstferien, die, nur Pl. 10/7a/24
Herz, das, -en 14/11a/65
herzlich 12/43
Herzlichen Glückwunsch! 12/43
helfen, hilft, geholfen 10/9/26
hin 11/35
*hin*stellen, stellt *hin*, *hin*gestellt 12/3/45
hinter 8/4a/7
historisch 13/1/52
hoch 13/51
Hoch soll er/sie leben! 12/6e/47
Hochhaus, das, "-er 13/51
Hörbuch, das, "-er 8/7d/9
Hose, die, -n 11/35
Hostel, das, -s 14/59
Hotel, das, -s 13/6a/54
hübsch 12/3/45
Hubschrauber, der, – 14/Projekt/61
hundemüde 12/3/45
Hunger, der, nur Sg. 9/13

I

in (sein) GP/74
Inlinerfahren, das 8/1a/6
interessant 10/1b/22
international 13/51
inzwischen 14/6a/63

J

Jacke, die, -n 11/35
Jägerschnitzel, das, – 9/7a/17
Jahreszeit, die, -n 10/5b/24
Januar, der 10/4a/23
Jeans, die, – 11/5a/42
Joghurt, der, -s 9/13
Jugend, die, nur Sg. 10/1b/22
Jugendclub, der, -s 10/9/26
Jugendfeuerwehr, die, -en 10/8b/25
Jugendgottesdienst, der, -e 10/1b/22
Jugendherberge, die, -n 14/59
Juli, der 10/4a/23
Juni, der 10/4a/23

K

Kaffee, der, nur Sg. 9/3d/15
Käfig, der, -e 8/4c/7
Kaktus, der, Kakteen 8/5
Kalbfleisch, das, nur Sg. 9/7a/17
Kamera, die, -s 10/8c/25
Kamm, der, "-e 14/3a/61
Kantine, die, -n 9/3a/15
Kappe, die, -s 11/8a/40
Kartoffel, die, -n 9/13
Kartoffelbrei, der, -s 9/Projekt/17
Käse, der, nur Sg. 9/13
Käsebrötchen, das, – 12/3/45
Käsefondue, das, -s 9/7a/17
Käsesoße, die, -n 9/7a/17
Käsespätzle, die, nur Pl. 9/4a/16
Katastrophe, die, -n 10/9/26
kaufen 13/9/56
kennen, kennt, gekannt 9/1a/14
Kerze, die, -n 12/2/44
Ketchup, das, nur Sg. 9/9a/18
Kieler Sprotten, die, nur Pl. 9/7a/17
Kilogramm, das, – 12/6a/47
Kinderzimmer , das, – KP/30
Kinoprogramm, das, -e 10/2b/23
Kirche, die, -n 10/1c/22
Kirchengemeinde, die, -n 10/1b/22
Kirschtorte, die, -n 9/7a/17
Kiste, die, -n 8/4a/7
Klassenarbeit, die, -en 10/9/26
Kleid, das, -er 11/5a/38
Kleidershop, der, -s GP/77
klettern 11/35
Kletterpark, der, -s 11/35
klingen KP/31
klug 12/3/45
Knopfdruck, der, nur Sg. KP/31
kochen 9/3d/15
Koffer, der, – 14/Projekt/61
Kommentar, der, -e 10/9/26
Kontra, das, nur Sg. 14/5-
Kopf, der, "-e 11/35
Kopfhörer, der, – 13/9/56
Kopfschmerzen, nur Pl. 11/2a/36
Kraft, die, "-e 11/35
krank 12/8a/49
Küche, die, -n 8/9a/10
Kuchen, der, – 9/5/16
Kultur die, nur Sg. 14/59
Kunstmuseum, das, Kunstmuseen 14/6a/63
Kurs, der, -e 14/62
Kurstagebuch, das, "-er 14/6a/63
kurz 10/7a/24

L

lachen 11/8a/40
Lampe, die, -n 8/5
lang 10/21
laufen, läuft, gelaufen 14/66
Laune, die, -n KP/31
laut 8/8a/9
Lautsprecher, der, – 8/12a/11
Lebkuchenherz, das, – 13/9/56
lecker 9/1a/14
leise 8/8a/9
letzt- 10/1b/22
lieber … als … 9/3a/15
Lieblingsfarbe, die, -n 11/8a/40
Lieblingsspeise, die, -n 9/Projekt/17
Lied, das, -er 12/6e/47
liegen, liegt, gelegen 8/3a/7
Limonade, die, -n 12/6a/47
Lkw, der, -s 12/4a/46
lustig KP/31

M

Mai, der 10/4a/23
Mantel, der, "– 11/6/38
Markenzeichen, das, – 11/8a/40
Marmelade, die, nur Sg. 9/13
Marmeladenbrot, das, -e 9/3a/15
März, der 10/4a/23
Mathearbeit, die, -en 12/5c/46
Mayo, das, nur Sg. 9/9a/18
Mayonnaise, die, nur Sg. 9/9a/18
Meer, das, -e 14/59
Menü, das, -s 9/4a/16
Messe, die, -n 13/51
Messer, das, – 12/6a/47
Meter, der, – 8/12a/11
Milch, die, nur Sg. 9/13
Mineralwasser, das, nur Sg. 9/13
***mitbringen*, bringt *mit*, *mitgebracht* 12/Projekt/47**
Mittagessen, das, – 9/13
Mitternacht, die, nur Sg. 10/1b/22
Möbel, die, nur Pl. 8/12b/11
Modellauto, das, -s 8/7d/9
modern 13/1/52
Modezeitschrift, die, -en 11/11/41
Monat, der, -e 10/5a/24
Motorrad, das, "-er 10/8d/25
MP3-Spieler, der, – 10/3a/23
Mund, der, "-er 11/35
Museum, das, Museen KP/34
Museumsshop, der, -s 14/6a/63
Musikanlage, die, -n 8/12a/11
Müsli, das, -s 9/13
müssen, muss, gemusst 8/9a/10
Mütze, die, -n 11/5a/38

N

nächst- 12/1b/44
Nachtisch, der, -e 9/4b/16
Nachtruhe, die, nur Sg. 14/4c/62
Nähe, die, nur Sg. 11/35
Nase, die, -n 11/35
natürlich 10/1a/22
neben 8/2a/6
Nee! 10/1a/22
Note, die, -n 10/7a/24
Notebook, das, -s 8/5
November, der 10/4a/23
Nudel, die, -n 9/13
Nummer, die, -n 10/9b/26

O

Obst, das, nur Sg. 9/13
Obstjoghurt, der, -s 9/4a/16
ohne 9/9a/18
Oho! 9/5/16
Ohr, das, -en 11/35
Ohrring, der, -e 11/5a/37
Oktober, der 10/4a/23
Orangensaft, der, "-e 12/6a/47
ordentlich 8/7b/9
Osterferien, die, nur Pl. 10/7a/24
Ostern, das, – 12/8b/49

Österreicher, der, – 14/1a/60
Österreicherin, die, -nen 14/1a/60

P

paar 10/5a24
packen 12/3/45
Packung, die, -en 12/6a/47
Papier, das, nur Sg. 8/5a/8
Papierkorb, der, "-e 8/5
Park, der, -s 14/6a/63
passieren 14/6a/63
Person, die, -en KP/34
Pfanne, die, -n 9/6a/16
Pfirsich, der, -e KP/31
Pflanze, die, -n 8/12a/11
planen 11/3a/37
Politik, die, nur Sg. KP/34
Politiker, der, – KP/34
Pommes, die – 9/9a/18
Post, die, nur Sg. 13/8b/55
Poster, das, – 8/5
probieren 9/4a/16
Problem, das, -e 10/1b/22
Programm, das, -e 11/3a/37
PS (postscriptum) 13/9/56
Pullover, der, – 11/5c/38

Q

Quadratmeter, der, – 8/12a/11
Quark, der, nur Sg. 9/13
Quarkdessert, das, -s 9/4a/16
Quatsch, der, nur Sg. 10/1a/22
quatschen 12/3/45

R

Rache, die, nur Sg. 10/1b/22
Radtour, die, -en 10/2b/23
Rahmschnitzel, das, – 9/7a/17
Rede, die, -n 11/35
reden 10/12a/27
Regal, das, -e 8/5
regelmäßig 10/8b/25
regnen 10/5a/24
Reis, der, nur Sg. 9/13
Reise, die, -n 14/1a/60
Reiseland, das, "-er 14/1a/60
reisen 14/1a/60
Restaurant, das, -s 13/9/56
riechen KP/31
Riesenrad, das, "-er 14/11a/65
Rock, der, "-e 11/35
romantisch 8/10a/10
Rücken, der, – 11/35
rufen 12/1b/44
ruhig 8/11a/11
rund 12/2/44
Rundstück, das, -e 9/7a/17

S

Sache, die, -n 9/7a/17
Sachertorte, die, -n 9/7a/17
Saft, der, "-e 9/13
sagen 8/8b/9
Sahne, die, nur Sg. 9/4a/16
Salat, der, -e 12/3/45
Salatbüfett, das, -s 9/4a/16
Sand, der, nur Sg. 14/11a/65
Sandwich, das, -es KP/32
Sänger, der, – KP/34
sauber 8/9a/10
sauer 12/7a/48
Saxophon, das, -e 8/1a/6
schaffen 10/9/26
schauen 8/10a/10
Schauspieler, der, – KP/34
scheinen 14/11a/65
schenken 12/3/45
Schiff, das, -e 13/51
Schinken, der, – 9/13
schlafen 8/10a/10
Schlafsack, der, "-e 14/3a/61
schlecht 10/7a/24
Schluss, der, nur Sg. 13/4a/53
schmecken 9/1a/14
Schnitzel, das, – 9/7a/17
Schokobrötchen, das, – 12/3/45
Schokoladenpudding, der, -e 9/4a/16
schön 14/6a/63
Schrank, der, "-e 8/5
schreiben, schreibt, geschrieben 8/8b/9
Schreibtisch, der, -e 8/5
Schrippe, die, -n 9/7a/17
Schritt, der, -e 8/8c/9
Schuh, der, -e 11/5a/38
Schuhfan, der, -s 11/11/41
Schulbus, der, -se 13/4a/53
Schulferien, die, nur Pl. 10/7a/24
schulfrei 10/5a/24
Schuljahr, das, -e 10/5a/24
Schulter, die, -n 11/35
Schweinefleisch, das, nur Sg. 9/7a/17
Schweizer, der, – 14/1a/60
Schwimmbad, das, "-er 10/1a/22
See, der, -n 10/8b/25
sehen 13/9/56
seit 13/8a/55
Seite, die, -n 13/1/52
selber KP/31
Semmel, die, -n 9/7a/17
Senf, der, nur Sg. 9/7a/17
September, der 10/4a/23
Sessel, der, – 8/5
singen, singt, gesungen 14/7a/63
Sitz, der, nur Sg. 13/51
Socke, die, -n 11/5a/38
Sofa, das, -s 8/12a/11
sogar 12/3/45
Sohn, der, "-e KP/34
sollen KP/31
Sommer, der 10/1b/22
Sommerferien, die, nur Pl. 10/7a/24
Sommerfest, das, -e 10/1b/22
Sonne, die, -n 14/59
Sonnenbrille, die, -n 11/5a/38
sonst 12/3/45
Soße, die, -n 9/4a/16
Sound, der, -s 8/12a/11
sowieso 8/10a/10
sparen 12/5b/46
spätestens KP/31
Spätzle, die, nur Pl. 9/1a/14
spazieren gehen 10/11a/27
Speise, die, -n 9/7a/17
Spezialität, die, -en 9/7a/17
spielen 8/10a/10
Sportler, der, – KP/34
Sportschuh, der, -e 11/11/41
Sprachniveau, das, -s 14/59
Spülmaschine, die, -n 8/9a/10
Stadtbesichtigung, die, -en 13/9/56
Stadtrallye, die, -s 14/6a/63
Station, die, -en 13/4a/53
statt 11/3a/37
Stift, der, -e 10/2b/23
Stil, der, -e 11/11/41
stimmen GP/74
Stock, der, (Stockwerke) 13/4a/53
Strand, der, "-e 14/59
Strandvergnügen, das, nur Sg. 14/11a/65
Straßenbahn, die, -en 13/1/52
Streit, der, nur Sg. 12/9/49
Stress, der, nur Sg. 12/7a/48
Stuhl, der, "-e 8/5
suchen 10/9/26
Süden, der 9/7a/17
Suppe, die, -n 9/3a/15
Sweatshirt, das, -s 11/8a/40
sympathisch 11/9/40

T

Tagesabschnitt, der, -e 10/5b/24
Tanzclub, der, -s 10/9/26
tanzen 12/3/45
Tasche, -n 14/3a/61
Tasse, die, -n 9/3a/15
Technik, die, nur Sg. 10/1b/22
Technisches Hilfswerk, das, nur Sg. 10/9/26
Tee, der, nur Sg. 9/13
***teil*nehmen, nimmt *teil*, *teil*genommen 11/3a/37**
Teller, der, – 12/6a/47
Teppich, der, -e 8/5
Theater, das, – 10/1b/22
Theaterkarte, die, -n 12/7a/48
Theaterstück, das, -e 10/1b/22
Thunfisch, der, -e 9/Projekt/17
THW, das, (Technisches Hilfswerk), nur Sg. 10/9/26
Tisch, der, -e 8/2a/6
Tofu-Würstchen, das, – 9/4a/16
toll 13/9/56
Tomate, die, -n 9/3d/15
Tomatensoße, die, -n 9/4a/16
Topfen, der, nur Sg. 9/7a/17
total 11/5c/38
Tourist, der, -en 9/7a/17
traditionell 9/7a/17
tragen 11/8a/40
trainieren 10/8b/25
Training, das, -s 11/3a/37
Trapez, das, -e 11/3a/37
Traum, der, "-e 10/9/26
Traumzimmer, das, – 8/12a/11
traurig 8/10a/10
treffen, trifft, getroffen 13/9/56
Tschau. 12/1b/44
T-Shirt, das, -s 11/7b/39
tun, tut, getan 8/2a/36
Tür, die, -en 8/5
Turm, der, "-e 13/51
Tüte, die, -n 13/9/56

U

U-Bahn, die, -en 13/4a/53
überall 9/7a/17
überhaupt 9/1b/14
übernachten 14/59
Überraschungsdessert, das, -s 9/4a/16
umarmen 10/1b/22
uncool 11/5c/38
ungesund 12/3/45
unter 8/2a/6
Untergang, der, "-e 10/1b/22
unterwegs 14/11a/65
Urlaub, der, -e 14/59
ursprünglich 9/7a/17

V

vegetarisch 9/4a/16
vergessen, vergisst, vergessen 14/11b/65
verlieren, verliert, verloren 13/9/56
vermissen 12/9/49
verpacken 12/3/45
versuchen 9/5/16
Verwandte, der/die, -n 12/2/44
Videoclip, der, -s 12/3/45
viele 13/11a/57
vielfältig 14/59
Vogelkäfig, der, -e 8/1a/6
voll 11/11/41
Volljährigkeit, die, nur Sg. 12/2/44
vorbereiten 12/3/45
vorgestern 12/8a/49
vorher 14/11a/65

W

wach (sein) 12/3/45
wachsen KP/31
Wachsfigur, die, -en KP/34
Wachsmodelle, das, -e KP/34
Walzer, der, – 11/4/37
Wand, die, "-e 8/2a/6
warum 10/1a/22
Was für ein/eine..? 12/4b/46
Wäsche, die, nur Sg. 8/9b/10
waschen 8/9b/10
Wasser, das, nur Sg. 12/6a/47
wecken 12/3/45
weg (sein) 12/7a/48
Weggli, das, – 9/7a/17
Weihnachtsferien, die, nur Pl. 10/7a/24
Weihnachtsmarkt, der, "-e 13/9/56
Weißbrot, das, -e 9/7a/17
Weißwurst, die, "-e 9/7a/17
weit 11/7a/39
weiter 12/43
Welle, die, -n 10/1b/22
Welt, die, -en 9/7a/17
wenig 10/8b/25
wenn 12/2/44
werden, wird, geworden 10/9b/26
wichtig 11/11/41
wiedersehen KP/31
Wiener Schnitzel, das, – 9/7a/17
wieso KP/31
wild 8/10a/10
Winter, der 10/4a/23
Winterferien, die, nur Pl. 10/7a/24
wirklich 13/11a/57
wissen, weiß, gewusst 13/11a/57
Wissenschaft, die, -en KP/34
Woche, die, -n 10/7a/24
Wochenprogramm, das, -e 14/4c/62
Wochentag, der, -e 9/4a/16
Wohnzimmer, das, – 12/3/45
wollen, will, gewollt 9/5/16
Wurst, die, "-e 9/13
Wurstbrötchen, das, – 12/3/45
Würstchen, das, – 9/3a/15
wütend 8/10a/10

Z

z. B. (zum Beispiel) 13/51
Zahn, der, "-e 11/35
Zahnbürste, die, -n 14/3a/61
Zebra, das, -s 11/4/37
zeigen 8/12a/11
Zentrum, das, Zentren 13/51
Zeugnis, das, -se 10/7a/24
Zimmer, das, – 8/5
Zirkus, der, -se 11/4/37
Zitronensoße, die, -n 9/4a/16
Zoo, der, -s 14/Projekt/61
zu 13/8b/55
zuerst 13/5/54
Zug, der, "-e 13/8b/55
zum 9/3a/15
Zumba, das 10/9/26
zur 8/9a/10
zurzeit 10/2b/23
zweimal 10/9/26
zwischen 8/2a/6
Zwischenmahlzeit, die, -en 14/4c/62

Liste unregelmäßiger Verben

In dieser Liste findest du wichtige unregelmäßige Verben. Die Perfektformen mit **sein** sind rot markiert (ist *ab*gehauen). Die trennbaren Präfixe sind *kursiv* markiert (*ab*hauen)

Infinitiv	Präsens - 3. Person Sg. er/es/sie	Perfekt - 3. Person Sg. er/es/sie
*ab*hauen	haut … *ab*	ist *ab*gehauen
*ab*schreiben	schreibt … *ab*	hat *ab*geschrieben
*an*fangen	fängt … *an*	hat *an*gefangen
*an*kommen	kommt … *an*	ist *an*gekommen
*an*rufen	ruft … *an*	hat *an*gerufen
*an*sehen	sieht … *an*	hat *an*gesehen
*auf*schreiben	schreibt … *auf*	hat *auf*geschrieben
*auf*stehen	steht … *auf*	ist *auf*gestanden
*aus*sehen	sieht … *aus*	hat *aus*gesehen
*aus*sprechen	spricht … *aus*	hat *aus*gesprochen
*aus*tragen	trägt … *aus*	hat *aus*getragen
beginnen	beginnt	hat begonnen
beißen	beißt	hat gebissen
bekommen	bekommt	hat bekommen
benennen	benennt	hat benannt
beschreiben	beschreibt	hat beschrieben
bleiben	bleibt	ist geblieben
brennen	brennt	hat gebrannt
bringen	bringt	hat gebracht
*dabei*haben	hat … *dabei*	hat dabeigehabt
*ein*laden	lädt *ein*	hat *ein*geladen
*ein*schlafen	schläft … *ein*	ist *ein*geschlafen
*eis*laufen	läuft … *eis*	ist *eis*gelaufen
erfinden	erfindet	hat erfunden
erraten	errät	hat erraten
essen	isst	hat gegessen
fahren	fährt	ist gefahren
*fern*sehen	sieht … *fern*	hat *fern*gesehen
finden	findet	hat gefunden
fliegen	fliegt	ist geflogen
fressen	frisst	hat gefressen
geben	gibt	hat gegeben
gehen	geht	ist gegangen
haben	hat	hat gehabt
hängen	hängt	hat gehangen
*heraus*finden	findet … *heraus*	hat *heraus*gefunden
heißen	heißt	hat geheißen
helfen	hilft	hat geholfen
kennen	kennt	hat gekannt
kommen	kommt	ist gekommen
können	kann	hat gekonnt
lassen	lässt	hat gelassen
laufen	läuft	ist gelaufen
leiden	litt	hat gelitten
lesen	liest	hat gelesen
liegen	liegt	hat gelegen
*mit*bringen	bringt … *mit*	hat *mit*gebracht
*mit*kommen	kommt … *mit*	ist *mit*gekommen
*mit*nehmen	nimmt … *mit*	hat *mit*genommen

Infinitiv	Präsens - 3. Person Sg. er/es/sie	Perfekt - 3. Person Sg. er/es/sie
mögen	mag	hat gemocht
müssen	muss	hat gemusst
*nach*denken	denkt … *nach*	hat *nach*gedacht
*nach*sprechen	spricht … *nach*	hat *nach*gesprochen
nehmen	nimmt	hat genommen
nennen	nennt	hat genannt
passieren	passiert	ist passiert
raten	rät	hat geraten
reiten	reitet	ist geritten
riechen	riecht	hat gerochen
rufen	ruft	hat gerufen
scheinen	scheint	hat geschienen
schlafen	schläft	hat geschlafen
schließen	schließt	hat geschlossen
schreiben	schreibt	hat geschrieben
schwimmen	schwimmt	ist geschwommen
sehen	sieht	hat gesehen
singen	singt	hat gesungen
sitzen	sitzt	hat gesessen
sprechen	spricht	hat gesprochen
*statt*finden	findet … *statt*	hat *statt*gefunden
stehen	steht	hat gestanden
tragen	trägt	hat getragen
verbinden	verbindet	hat verbunden
vergessen	vergisst	hat vergessen
vergleichen	vergleicht	hat verglichen
verlieren	verliert	hat verloren
verstehen	versteht	hat verstanden
vorgehen	geht … vor	ist vorgegangen
vorlesen	liest … vor	hat vorgelesen
waschen	wäscht	hat gewaschen
*weiter*lesen	liest … *weiter*	hat *weiter*gelesen
wissen	weiß	hat gewusst
wollen	will	hat gewollt

Bildquellen

Cover Fotolia, Industrieblick – **S. 4** 8 + 9: Cornelsen Schulverlage, Hugo Herold; 10: Fotolia, Ingo Bartussek; Kleine Pause: Cornelsen Schulverlage, filma productions; 11: Shutterstock, Kaponia Aliaksei; 12: Cornelsen Schulverlage, Hugo Herold; 13: Shutterstock, Claudio Divizia; 14: Lutz Rohrmann; Große Pause: Cornelsen Schulverlage, filma productions – **S. 5** Cornelsen Schulverlage, Hugo Herold; Hintergrund: Fotolia, Max Diesel – **S. 6** Cornelsen Schulverlage, Hugo Herold – **S. 8** Cornelsen Schulverlage, Hugo Herold – **S. 9** A: Karel Brož; B: Friederike Jin; unten: Shutterstock, Jojje – **S. 13** Cornelsen Schulverlage, Hugo Herold; Hintergrund: Fotolia, Max Diesel – **S. 14** Cornelsen Schulverlage, Hugo Herold – **S. 15** Cornelsen Schulverlage, Hugo Herold – **S. 16** oben: Shutterstock, Martin Rettenberger; Mitte links: Shutterstock, Natalia Lisovskaya; Mitte rechts: Shutterstock, Evgeny Tomeev; unten: Cornelsen Schulverlage, Hugo Herold – **S. 17** A: Shutterstock, A_Lein; B: Shutterstock, avs; C: Shutterstock, rprongjai; D: Shutterstock, Jenny Sturm; E: Shutterstock, llaszlo; F: Shutterstock, avs; G: Shutterstock, Lilyana Vynogradova; unten: Shutterstock, Ildi Papp – **S. 18** oben: Karl Kolarik; unten: Shutterstock, Aleksandar Todorovic – **S. 19** Lutz Rohrmann – **S. 21** A: Fotolia, Stasique; B: Cornelsen Schulverlage, Hugo Herold; C: mauritius images / imageBROKER / Jochen Tack; D: Shutterstock, dotshock; E: Fotolia, Ingo Bartussek; F: Shutterstock, Photobank gallery; Hintergrund: Fotolia, Max Diesel – **S. 22** oben: Cornelsen Schulverlage, Hugo Herold; unten links: Shutterstock, Sergey Nivens; unten Mitte: Lutz Rohrmann; unten rechts: Technisches Hilfswerk – **S. 23** Shutterstock, Smit – **S. 24** Shutterstock, Monkey Business Images – **S. 25** A: Fotolia, Kzenon; B: mauritius images / imageBROKER / Thomas Frey; C: Fotolia, muro; D: Shutterstock, Fotokostic; E: Cornelsen Schulverlage, Hugo Herold – **S. 26** oben: Cornelsen Schulverlage, Hugo Herold; Mitte: Shutterstock, Rob Hainer; unten links: Shutterstock, karelnoppe; unten rechts: Shutterstock, Jacek Chabraszewski – **S. 31** Fotolia, Ghen – **S. 32** Cornelsen Schulverlage, filma productions – **S. 33** Cornelsen Schulverlage, filma productions – **S. 34** oben links: Shutterstock, Igor Matic; oben rechts: Bettmann/ CORBIS; unten links: mauritius images / Alamy; unten rechts: Shutterstock, Couperfield – **S. 35** Shutterstock, Sorbis; Hintergrund: Fotolia, Max Diesel – **S. 36** oben: Cornelsen Schulverlage, Hugo Herold; Hände: Cornelsen Schulverlage, Hugo Herold; Schild unten links: Shutterstock, DenisNata; Schild unten rechts: Shutterstock, Pressmaster – **S. 37** A + B + C: Heinz-Guenther Hamich – **S. 38** 1: Shutterstock, sianc; 2: Shutterstock, Andrey Arkusha; 3: Shutterstock, stockyimages; 4: Shutterstock, Sergey Novikov; 5: Shutterstock, Kaponia Aliaksei; 6: Shutterstock, Olesia Bilkei; 7: Shutterstock, Pablo Rogat; rechts oben: Shutterstock,photosync; rechts Mitte: Shutterstock, auremar; rechts unten: Shutterstock, gorbelabda – **S. 39** oben: Cornelsen Schulverlage, Hugo Herold; Mitte links: Shutterstock, Neamov; Mitte: Shutterstock, Karkas; Mitte rechts: Shutterstock, photobank. Ch; unten links: Shutterstock, Surrphoto; unten rechts: Shutterstock, Preto Perola – **S. 40** Cornelsen Schulverlage, Hugo Herold – **S. 41** links: Shutterstock, Valua Vitaly; 2. von links: Shutterstock, Edyta Pawlowska; 2. von rechts: Shutterstock, Edyta Pawlowska; rechts: Shutterstock, Monkey Business Images – **S. 43** 1 + 2 + 3 + 4: Cornelsen Schulverlage, Hugo Herold; Hintergrund: Fotolia, Max Diesel – **S. 44** oben links + oben rechts: Cornelsen Schulverlage, Hugo Herold; unten: Shutterstock, Matthew Benoit – **S. 45** A + B: Cornelsen Schulverlage, Hugo Herold – **S. 47** 1. Reihe links: Shutterstock, Luis Molinero; 1. Reihe Mitte: Shutterstock, Zhdanova Valentyna; 1. Reihe rechts: Shutterstock, Roman Vanur; 2. Reihe links: Shutterstock, Nattika; 2. Reihe 2. von links: Shutterstock, Joop Hoek; 2. Reihe 2. von rechts: Shutterstock, Sergey Zvyagintsev; 2. Reihe rechts: Shutterstock, qju; 3. Reihe links: Shutterstock, Yulia Davidovich; 3. Reihe 2. von links: Shutterstock, Steve Cukrov; 3. Reihe 2. von rechts: Shutterstock, Evgeny Karandaev; 3. Reihe rechts: Shutterstock, designelements; 4. Reihe: Lutz Rohrmann – **S. 48** Cornelsen Schulverlage, Hugo Herold – **S. 49** Cornelsen Schulverlage, Hugo Herold – **S. 51** Shutterstock, Claudio Divizia; Hintergrund: Fotolia, Max Diesel – **S. 52** oben + Mitte + unten: Cornelsen Schulverlage, Hugo Herold; oben im Bildschirm: mauritius images / Udo Siebig – **S. 53** 1: Shutterstock, ZouZou; 2: Shutterstock, RimDream; A: Shutterstock, Mario Savoia; B: Shutterstock, Ralf Gosch; C: Fotolia, Kara; D: Shutterstock, pryzmat; E: Shutterstock, pisaphotography; F: Shutterstock, Paolo Gianti – **S. 54** Friederike Jin – **S. 55** Cornelsen Schulverlage, Hugo Herold – **S. 56** oben: Shutterstock, Sergey Kandakov; A + B + C + D: Friederike Jin; E: picture alliance / AA; F: Shutterstock, Sean Pavone – **S. 57** oben + unten: Cornelsen Schulverlage, Hugo Herold; Mitte: Friederike Jin – **S. 59** 1: Goethe Institut, Bernhard Ludewig; 2: Die Jugendherbergen, Dahn; 3: Shutterstock, Iakov Filimonov; 4: Fotolia, Simone Werner-Ney; 5: Shutterstock, Ilka Erika Szasz-Fabian; Hintergrund: Fotolia, Max Diesel – **S. 60** oben: Shutterstock, Julia Pivovarova; unten: Cornelsen Schulverlage, Hugo Herold – **S. 61** Cornelsen Schulverlage, Hugo Herold – **S. 62** oben: mauritius images / Edith Laue; Mitte: Fotolia, Bianca Bender; unten: Cornelsen Schulverlage, Hugo Herold – **S. 63** oben: mauritius images / Rainer Waldkirch; Mitte: picture alliance / augenklick/fi; unten: Fotolia, Bernd Deinert – **S. 65** oben links: Fotolia, A. Karnholz; oben Mitte: Fotolia, freezeframe; oben rechts: Lutz Rohrmann; Mitte links: mauritius images / imageBROKER / J. W. Alker; Mitte rechts: Shutterstock, linerpics; unten rechts: Österreichische Post AG – **S. 68** Cornelsen Schulverlage, Hugo Herold – **S. 70** Cornelsen Schulverlage, filma productions – **S. 71** Cornelsen Schulverlage, filma productions – **S. 72** Cornelsen Schulverlage, filma productions

Karten/Grafiken

U2 Cornelsen Schulverlage, Carlos Borrell – **U3** Cornelsen Schulverlage, Dr. Volker Binder

Textquellen

S. 31 Rosita Blissenbach: Gedicht „Fragen einer Ananas“ aus: „Oder die Entdeckung der Welt“, S. 323, Beltz Verlag 1997